AF542774

8° R
20859

1906

CONTRE-AMIRAL RÉVEILLÈRE

6258

AUTARCHIE

ÉCONOMIE, PATRIOTISME, PAIX

BIBLIOTHÈQUE NATIONALE
R.F.
IMPRIMÉS

Honorer Dieu,
Aimer l'humanité,
Agir en brave.
(Triades.)

PARIS
LIBRAIRIE FISHCBACHER
Société anonyme
33, RUE DE SEINE, 33

1906

ÉCONOMIE, PATRIOTISME, PAIX

BIBLIOTHÈQUE NATIONALE
R.F.
IMPRIMÉS

8° R
20859

OUVRAGES DU MÊME AUTEUR

La Conquête de l'Océan. 1 vol. in-12 . . . . 3f 50
Un Coup de sonde dans l'Océan des Mystères. 1 volume in-12 . . . . 2 »
Tutelle et Autarchie. 1 vol. in-12 . . . . 2 »
L'Europe-Unie. 1 vol. in-12. . . . . 2 »
Croix et Croissant. 1 vol. in-12 . . . . 2 »
Recherche d'Idéal. 1 vol. in-12 . . . . 2 »
Extension Expansion. 1 vol. in-12. . . . . . . 2 »
Propos d'Autarchiste. 1 vol. in-12 . . . . 2 »
Christianisme et Autarchie. 1 vol. in-12. . . . . 2 »
Sur le Pont. 1 vol. in-12. . . . . 2 »
Méditations d'un Autarchiste. 1 vol. in-12 . . . . 2 »
Mégalithisme . . . . 2 »

(Berger-Levrault et Cie, *éditeurs*).

Gaules et Gaulois. 1 vol. in-16 . . . . 1 »
Enigmes de la Nature. 1 vol. in-16 . . . . . . 1 »
A travers l'Inconnaissable. 1 vol. in-16 . . . . . 1 »
Graines au Vent. 1 vol. in-16. . . . . 1 »
La Voix des Pierres. 1 vol. in-18 . . . . 1 »
Germes et Embryons. 1 vol. in-18 . . . . 1 »
Réflexions diverses. 1 vol. in-18 . . . . 1 »
Le Haut-Mékong. 1 vol. in-8° . . . . 2 »
Cochinchine et Cambodge. 1 vol. in-12 . . . . . 3 50
Autour du Monde. 1 vol. in-12 . . . . 3 50
Contre Vent et Marée. 1 vol. in-12 . . . . . . 3 50
Lettres d'un Marin. 1 vol. in-12 . . . . 3 50
Les Trois Caps 1 vol. in-12 . . . . 3 50
En Mer. 1 vol. in-12 . . . . 1 »
Récits et Nouvelles. 1 vol. in-12 . . . . 1 »
Mers de l'Inde. 1 vol. in-12. . . . . 2 »
Mers de Chine. 1 vol. in-12 . . . . 2 50
Un Jour à Monaco. 1 vol. in-18 . . . . 1 »
A Barcelone. 1 vol. in-18 . . . . 1 »
Christianisme Autarchique. 1 vol. in-12 . . . . . 2 »
Contre l'Etatisme (Autarchie). 1 vol. in-12. . . . 2 »
Autarchie politique. 1 vol. in-12. . . . . 2 »
Les Trois Auto. 1 vol. in-12 . . . . 2 »
Carnet d'Autarchiste. 1 vol. in-12 . . . . 2 »
Memento Autarchiste. 1 vol. in-12. . . . . . . 2 »
Ferments et Levains. (Autarchie). 1 vol. in-12 . . 2 »
Semences. 1 vol. in-12. . . . . 2 »
Lueurs d'Aube (Autarchie). 1 vol. in-12 . . . . . 2 »
Rayons d'Aurore (Autarchie). 1 vol. in-12 . . . . 2 »
Pousses Nouvelles (Autarchie). 1 vol. in-12 . . . 2 »
Européanisant (Autarchie). 1 vol. in-12 . . . . . 2 »
Au dedans et au dehors (Autarchie). vol. in-12 . . 2 »
Politique économique (Autarchie), 1 vol. in-12 . . 2 »

(Fischbacher, *éditeur*).

CONTRE-AMIRAL RÉVEILLÈRE

AUTARCHIE

ÉCONOMIE, PATRIOTISME, PAIX

Honorer Dieu,
Aimer l'humanité,
Agir en brave.
(TRIADES.)

PARIS
LIBRAIRIE FISHCBACHER
Société anonyme
33, RUE DE SEINE, 33

1906

ÉCONOMIE, PATRIOTISME, PAIX

Il est de mode aujourd'hui de crier contre le salariat, quoique tout fonctionnaire soit un salarié, du facteur au Président de la République, et que tout Français veuille être fonctionnaire. Et pourquoi tant de gens veulent-ils être fonctionnaires ? Parce que le fonctionnaire touche sa paie sans courir aucun risque.

L'ennemi, dans le monde des affaires et des entreprises, *c'est le risque.*

Dans toute entreprise, il y a risque ; qui l'endossera ? Le salarié est exempt de tout risque. Que l'entreprise tourne bien ou mal, le salarié touche sa paie ; le risque tout entier est encouru par le capitaliste.

Qu'est-ce que le salarié, ouvrier ou fonctionnaire ? C'est l'homme qui jouit d'une rétribution fixe et assurée, au lieu d'être exposé aux aléas des entreprises.

Qu'entreprendrait-on s'il n'y avait des capitalistes pour assurer le risque des entreprises ? L'Etat entreprendrait, dit le socialisme ; hélas ! il a donné depuis longtemps sa mesure d'entrepreneur.

∴

Pour nourrir les enfants, dit M. Piot, il suffirait d'une loi. Les enfants nourris avec des lois seraient bien maigres.

D'après la théorie de M. Piot, les uns feraient des enfants (ce qui n'est pas une peine), et les autres les nourriraient. C'est l'organisation des abeilles et des fourmis, transportée dans le règne humain. Théorie tout-à-fait contraire à deux vieux proverbes qui, pour être brutaux, n'en sont pas moins pratiques : « Que ceux qui font des enfants les torchent » ; « Dieu bénit les grandes familles, mais il ne les nourrit pas ».

Je vois des enfants nu-pieds, dans ce mois de décembre — je ne vois pas la nécessité d'en augmenter le nombre, si je vois la nécessité de soulager les enfants misérables existants. Ce qui me ramène à une de mes marottes : le vote municipal de la femme et sa présence dans la municipalité, parce qu'elle ne tolérerait pas ces détresses. Car la nécessité de la tutelle sociale s'impose pour l'enfance, dans le cas d'insuffisance de la tutelle familiale. La tutelle de l'enfance est une nécessité de la nature, comme l'autarchie du majeur est une nécessité du progrès.

∴

Chacun a ses admirations particulières ; moi je n'admire rien tant que le journal à un sou.

Que, pour un sou, on puisse être renseigné, à toute heure, sur tout c qui se passe sur la planète, c'est bien la chose la plus extraordinaire qui se puisse imaginer.

Et, comme le prix est infime, la dépense est à la portée de tous. Tout le monde peut se payer un journal à un sou. Il approche de la gratuité — approchant de la gratuité, il est chose commune à tous.

Que de travaux accumulés par les générations passées et présentes sont condensés dans cette modeste feuille de papier !

Et d'où vient la quasi-gratuité de tant de labeurs ? de la concurrence entre des capitalistes, entrepreneurs de journaux. C'est là un des bienfaits les plus frappants de la concurrence et du capitalisme. Dans toute production, l'intervention de la concurrence et du capitalisme est aussi bienfaisante, seulement elle n'est pas toujours aussi facile à discerner.

∴

Pour le Parsi, le feu est le symbole de la bienfaisance divine; pour le Japonais, c'est le dieu malfaisant. Le premier ne voit que l'universelle utilité du feu ; le second n'y voit que le père de l'incendie.

Toute médaille a son revers — cette maxime n'est ni neuve ni consolante, mais elle est tristement vraie. Nous admettons cette vérité, en théorie, mais nous protestons dans le monde des faits. Cette protestation est tout naturelle ; mais, si naturelle qu'elle soit, elle est bien vaine, si elle n'est accompagnée de luttes et d'efforts. Notre sort est de lutter contre les maux qui nous assiègent ; cette lutte est le ressort du progrès et fait la grandeur humaine.

L'intérêt général froisse nombre d'intérêts particuliers qui se débattent comme des diables dans un bénitier. La trop fréquente opposition de l'intérêt général et de puissants intérêts particuliers est une de ces innombrables antinomies qui tiraillent en tous sens notre pauvre humanité. De là, la mauvaise renommée de la concurrence.

La concurrence n'en est pas moins le promoteur de tous les progrès humains.

Que la concurrence cause des maux particuliers, c'est indiscutable ; mais : 1° la somme de ses bienfaits est incomparablement supérieure aux maux qu'elle engendre (c'est le cas du feu), elle travaille toujours dans l'intérêt général ; 2° l'association atténue et souvent annihile les maux de la concurrence.

La concurrence et l'association libre et volontaire sont les deux pôles de la pile économique.

Si la concurrence est le grand moteur du progrès, l'association libre et volontaire est la fée bienfaisante qui soutient l'humanité dans son ascension douloureuse.

∴

« Notre enseignement secondaire, dit M. Baudin, ni nos écoles supérieures où se laminent et s'appauvrissent les enfants de la bourgeoisie et l'élite des autres classes, ne sont ce qu'elles devraient être. Notre université veut l'uniformité et, par suite, elle écrase les caractères. Le jeune homme qu'elle produit sera peut-être un écrivain, un orateur, un bon fonctionnaire, *il ne sera pas une pièce agissante et pressante sur l'échiquier où se jouent les grandes parties* ».

Nous avons des écrivains et des orateurs bien au-delà des besoins de la consommation ; ce qui nous manque, ce sont les grands hommes d'affaires, probes, aux larges vues et quand, par hasard, il s'en trouve, le public leur fait défaut.

∴

Charles Moures, étudiant les causes de la décadence économique de la France, dit : « Aussitôt que le commerce, l'industrie ou l'agriculture semblent languir, on propose, pour les relever, des lois, et l'on croit remplacer, par l'action de l'État, l'initiative individuelle qui fait trop souvent défaut en France ».

Nous avons trop de lois et pas assez d'hommes.

Sous la poussée étatiste (socialisme et mélinisme), l'Etat a la prétention de se substituer à l'initiative individuelle qu'il écrase de son poids formidable — là est la cause de notre décadence économique, qui pourrait bien être suivie de toutes les autres décadences.

∴

La concurrence universelle peut seule organiser le travail universel, en éliminant dans chaque localité les industries parasites.

L'idéal est une division logique du travail entre les peuples ; la concurrence universelle peut seule établir cette division logique, en surexcitant partout la production vraiment adaptée au climat et au génie des peuples.

Le protectionnisme est la coalition des industries souffreteuses (que la société fait vivre onéreusement par des procédés artificiels dans des conditions anti-économiques) contre l'impérieuse nécessité de localiser les industries naturelles, remplissant les conditions de prospérité.

∴

La solidarité, si à la mode en ce temps, profite à quelques grands, par l'adjoint complaisant des petits.

Il y a la solidarité naturelle à laquelle toute notre espèce, bon gré mal gré, est soumise ; elle est généralement bienfaisante, malfaisante parfois.

La solidarité artificielle peut revêtir deux formes : celle de l'association volontaire et libre, elle est alors le plus admirable de tous les organes sociaux ; mais elle est médiocrement en faveur auprès des solidaristes, qui entendent par solidarité l'action souveraine de l'Etat, parfois bienfaisante, mais néfaste trop souvent.

∴

Les services publics coûtent par tête :

Suisse 6,06	Hollande 11,04	Italie 19,95.
Etats-Unis 8,03	Autriche 14,05	France 24,07.
Angleterre 10,53	Belgique 15,07.	

Que la France doit être bien servie !

Cependant des esprits chagrins prétendent que l'on n'est jamais si bien servi que par soi-même — à quoi l'on peut ajouter que l'on n'est jamais plus mal ou plus chèrement servi que par l'Etat.

∴

Ce que nous autres, autarchistes, nous pardonnons le moins au socialisme, ce n'est pas la menace de pendre et de dépouiller les bourgeois, comme je l'entends quotidiennement chanter dans la rue, c'est d'émasculer les gens en leur affirmant que la planète doit être un lieu de jouissance et non un théâtre où le progrès s'achète par la lutte de toutes les énergies.

∴

Pourquoi, se demande La Baliste, dans « Questions Navales, » aucune proposition, en vue de l'usinage des grosses pièces d'artillerie n'a-t-elle été adressée à l'industrie privée, alors que plusieurs usines sont en mesure de procéder à cette opération ?

Et la Baliste se répond : Ne serait-ce pas que l'artillerie n'ose affronter la concurrence ?

Eh oui ! c'est bien cela ; l'artillerie ne veut pas de comparaison. Il en ressortirait trop clairement combien toute industrie d'Etat est onéreuse.

∴

Je viens de lire « Quelques faits de prophétisme » dans la « Revue de l'histoire des religions ».

De prime abord, on est stupéfait de la facilité avec laquelle les foules suivent le premier venu qui, de son propre chef, s'intitule prophète et annonce la transformation du monde comme un changement de décor dans un opéra.

Le même phénomène se passe cependant sous nos yeux en France.

Tout comme au moyen-âge, nous voyons des prophètes (qui n'ont pas à craindre le bûcher) attirer les foules en faisant miroiter les perspectives enchantées d'un monde meilleur, subitement émergé des ruines de la société présente. Les apocalyptiques de nos jours ne diffèrent pas sensiblement des apocalyptiques du moyen-âge qui, eux-mêmes, ressemblaient singulièrement aux apocalyptiques de Jérusalem.

∴

M. Merlou, ministre des finances, présente à la Chambre un projet de loi portant de 5 milliards à 5 milliards 800 millions la faculté d'émettre des billets de banque. J'ose dire que, dans un pays ayant l'intelligence de ses intérêts, cette émission ne regarderait ni les législateurs ni le ministre.

Après la séparation de l'Eglise et de l'Etat, une des plus urgentes est celle de la séparation de la Banque et de l'Etat.

La séparation de l'Eglise et de l'Etat aura pour effet de démontrer la possibilité de l'existence des grands organismes sociaux, en dehors de la tutelle gouvernementale.

La séparation de l'Eglise et de l'Etat est le premier coup de pioche donné dans le monstrueux édifice de l'Etat français ; espérons que ce ne sera pas le dernier.

∴

Que de politiciens nous devons au latin et aux *belles* lettres ! Vrai, nous avons trop d'orateurs et d'écrivains pour notre consommation et, malheureusement, c'est une marchandise qui ne s'exporte pas. Aussi nombre de gens incapables de faire œuvre utile vivotent de politique. C'est une des causes de notre décadence industrielle et commerciale; or, comme dit Carnegie, le commerce gouverne le monde.

Jamais il n'y aura trop d'instruits. C'est un grand malheur (et la Chine en est un frappant exemple) que l'Etat crée une aristocratie intellectuelle dont le plus grand mérite est de posséder des connaissances difficiles, mais encore plus inutiles

Après la séparation de l'Eglise et de l'Etat s'impose la séparation de l'Université et de l'Etat. La séparation de l'Eglise et de l'Etat démontrera aux plus enragés étatistes que la séparation de l'Université et de l'Etat n'est pas une chimère. Elle nous habituera à l'indépendance des grands organismes sociaux.

Nous n'aurons une instruction conforme aux besoins du temps et du pays que par l'enseignement libre, d'une part, et, d'autre part, par une Université indépendante, uniquement soumise au contrôle de l'opinion publique.

La société seule sait l'enseignement dont la société a besoin.

∴

M. Anesaki, professeur de philosophie religieuse à l'Université Impériale du Japon, se plaint de l'attitude exclusive des Chrétiens envers les non-chrétiens : Ce n'est pas, dit-il, du Christianisme, c'est du bigotisme ». Il se déclare prêt à résister à cette tendance « non seulement au nom du Bouddhisme, mais du Christianisme ».

M. Anesaki, animé d'une sympathie généreuse pour le Christianisme, se préoccupe fort de rechercher ce qui dans cette religion pourrait être admis dans la sienne.

Le Bouddhisme est une religion de tolérance ; à ce titre, elle a droit à tous nos respects.

∴

Dans le « Matin » d'octobre, M. Henri de Jouvenel nous montre l'important journal, le « New-York Sun, » esquissant une entente cordiale entre les Etats-Unis, l'Angleterre et la France, dans le but d'assurer la paix du monde, et que le grand journal américain appelle LA COALITION DE LA PAIX

D'après le même journal, de même que l'alliance anglo-japonaise promet d'assurer la tranquillité de l'Asie, l'entente cordiale, qui a toutes les sympathies des Etats-Unis, ferait échouer toute idée d'agression de la part de l'Allemagne.

∴

Montesquieu dit : « Les hommes peuvent tout supporter, même les mauvais traitements, mais pas l'insécurité. »

La sécurité est la raison d'être des gouvernements ; quand ils ne la donnent pas, ils font banqueroute ; mais toujours ils se font payer trop cher.

∴

L'unité, l'uniformité de l'instruction ne répondent pas aux besoins modernes. Autant pratiquer les mêmes cultures à Nice et à Dunkerque, autant imposer le même costume au Gabon et au Groenland.

S'il est une chose qui doive varier selon les temps, les lieux, le but à poursuivre, c'est l'instruction — et ce but ne peut être atteint que par la liberté.

Qui rédigera les programmes ? Les besoins, les nécessités de la société — parce que ces besoins, ces nécessités sont les vrais compétents.

∴

« Comme toute autre, dit M. de Molinari, la production de l'homme doit se proportionner au débouché ».

Les chemins de fer, les tramways, le télégraphe, le téléphone, l'électricité avec les mille industries qu'elle alimente et, tout récemment, la bicyclette et l'automobilisme ont ouvert à la production de l'homme des débouchés inconnus à nos pères. Toute invention nouvelle fournit un nouvel aliment au travail — et c'est là, sans doute, une des causes qui font affluer les campagnards vers les villes, les débouchés du travail croissant plus vite dans l'industrie que dans la culture.

∴

Hypnotisé par la contemplation du ratelier de l'Etat, le Français, mendiant de naissance et valet par son éducation monarchique, attend, le ventre creux, que l'État lui distribue sa pitance.

Pourquoi cette légion d'affamés ?

Parce que notre éducation classique nous éloigne des études pratiques, pour nous lancer dans des connaissances de luxe — le classicisme nous prépare aux professions libérales ; mais il y a d'autres fonctions dans la Société que les professions soi-disant libérales.

BIBLIOTHÈQUE NATIONALE IMPRIMÉS

∴

« Le déjeuner à bon marché » est un programme qui suffit à l'Anglais pour des élections ; le Français demande avant tout de longues phrases sonores, aussi vides que les instruments de musique.

∴

Notre marine marchande ne bat que d'une aile ; aussi nos législateurs, apitoyés par ses souffrances, s'apprêtent-ils à lui donner le coup du lapin pour abréger son agonie.

Le législateur prétend fixer un minimum d'équipage — comme toujours, quand la règlementation s'en mêle, on marche au rebours du progrès. En 1893, l'Allemagne employait 306 hommes pour porter 10.00 tonneaux ; elle a maintenant réduit ce chiffre à 168. Comment nos armateurs supporteraient-ils la concurrence ?

C'est que l'Allemagne, conformément au bon sens, se propose d'avoir une marine pour transporter des marchandises, et que nous sommes guidés par l'idée surannée, héritage de Colbert, d'avoir une marine marchande pour alimenter la marine de guerre.

C'est toujours le sophisme méliniste qui consiste à prendre le moyen pour la fin : Vous croyez avoir une marine marchande pour transporter des marchandises — pas du tout, c'est pour faire naviguer des marins.

∴

« Quiconque se désintéresse de l'opulence nationale livre sa patrie à l'étranger mieux muni » (Paul Adam).

Sans doute. Mais quel est le facteur de cette opulence ? Elle est la résultante des énergies individuelles trop souvent ligotées, chez nous, par l'étatisme.

Quel est le ferment de ces énergies ? C'est la libre action des capitalistes, petits ou grands, à la poursuite du gain. Cette poursuite du gain anime et alimente le travail, c'est elle qui le fait vivre — et il en sera toujours ainsi, tant que la terre ne sera pas peuplée par les anges socialistes.

∴

Le dommage de l'un est le profit de l'autre — c'est là un des clichés les plus courants et les plus faux, malgré l'autorité de Montaigne. Montaigne transportait dans le monde économique ses idées de politique et de guerrier. Il est clair que si l'un gagne un territoire, l'autre le perd. En ce temps d'ailleurs, la terre, avec ses vassaux, considérée comme la vraie richesse, objet de toutes les convoitises, s'acquérait trop souvent par la violence.

Mais de l'échange à la capture par la force ou la ruse, il y a loin. De tout temps, quand deux hommes ont échangé librement, chacun y trouvait son avantage, par la raison que chacun obtenait ce qu'il ne pouvait produire.

Mais ce n'est pas la seule raison pour laquelle l'échange est avantageux aux deux parties.

Dans l'échange, les échangistes échangent des objets dans lesquels, chaque jour, s'incarne un meilleur emploi des forces et des propriétés de la nature ; or l'emploi de ces forces et de ces propriétés naturelles reste toujours gratuit, le travail seul est échangé.

Qu'est-ce qu'une invention ? C'est la mise à la disposition du public d'un nouvel emploi des forces et des propriétés de la nature. Evidemment l'inventeur tire d'abord un gros profit, qui est sa juste récompense, mais bientôt son invention demeure acquise au public.

∴

Le socialisme est la militarisation de l'industrie.

∴

« La solution (des modalités du contrat du travail), dit M. Barthou, est moins dans l'action législative que dans l'action syndicale ».

C'est la thèse même de l'autarchie qui veut l'action directe des associations libres et volontaires, et qui proteste contre l'intervention incessante de la loi, dépourvue de la souplesse nécessaire pour se prêter à la complexité des besoins sans nombre de la production.

Si les syndicats ont une raison d'être et un rôle, c'est bien de passer des contrats avec les directions d'entreprises, contrats dont la forme doit être infiniment variée comme les besoins de l'industrie.

∴

Si la déplorable organisation de l'enseignement par l'État et la monomanie du fonctionnarisme, qui en est la conséquence, n'éloignaient pas des travaux manuels, on ne verrait pas tant de déclassés.

Pour l'observateur impartial, le travail manuel (ce qui ne veut pas dire inintelligent) est le goût de la masse ; tandis que le goût du travail intellectuel est une exception.

Il est fort naturel que l'homme, en général, préfère le travail qui fait fonctionner tout le corps, au lieu du seul encéphale et où il voit le produit de son travail au fur et mesure de ses efforts, prendre une forme tangible.

D'ailleurs, par les progrès de l'industrie, le travail manuel réclame de plus en plus la coopération de l'intelligence.

Si l'Etat ne se mêlait pas aussi malencontreusement de nos études, combien verrait-on, au lieu de bacheliers vainement à la recherche d'une position sociale, comme Jérome Paturot, d'utiles producteurs travaillant à la reconstruction de la fortune publique ? Il est d'ailleurs dans l'ordre naturel des choses, n'en déplaise au socialisme, que l'ouvrier soit de jour en jour plus instruit et mieux rémunéré.

Que de lettrés par force, dès qu'ils peuvent suivre leurs penchants, se font tourneurs, jardiniers, menuisiers.... Ainsi le sort fit un roi de Louis XVI, serrurier du droit divin.

∴

A l'époque de la petite industrie, le marché était local, les industries locales, les ouvriers se recrutaient sur place. Ce système de recrutement du travail, le seul possible alors, ne répond plus aux besoins de la grande industrie. C'est une des graves difficultés du jour. L'ouvrier ne peut plus guère s'embaucher individuellement et directement. Entre le travail et l'entreprise, il faut un intermédiaire, dont les trades-unions, les chambres syndicales, le marchandage, les bureaux de placement, les compagnies anonymes de travail de M. Yves Guyot sont le rudiment.

Les Compagnies anonymes de travail de M. Yves Guyot ont été appliquées à Paris et en Belgique par un nombre très restreint de professions. Elles exigent de l'ouvrier beaucoup d'esprit de conduite et beaucoup de moralité. Elles sont, sans aucun doute, une des plus fécondes institutions de l'avenir. Une société anonyme de typographes parisiens a donné des résultats aussi avantageux pour les employés que pour les employeurs. C'est, en somme, la coopération de production dégagée de la nécessité de posséder un capital.

La loi, généralement maladroite, quand elle s'ingère dans les questions du ressort de la liberté, a proscrit, en 48, le marchandage. Les syndicats girondins ont demandé l'abrogation de cette loi, incessamment tournée, parce qu'inexécutable. Le marchandage est, en réalité, une sous-entreprise sans laquelle aucune vaste entreprise n'est possible ; on l'a baptisé du nom de marchandage, et cela a suffi pour le discréditer.

Les bureaux de placement, fort imparfaits, comme tout ce qui débute, étaient le germe précieux de fécondes institutions très propres à rapprocher le travail de l'entreprise. Les ouvriers, contre tout droit, ont arraché leur quasi suppression, monstrueuse atteinte à la liberté. En cette occasion, comme en beaucoup d'autres, ils ont méconnu leurs intérêts. Que les bureaux de placement aient abusé à leur origine, qu'ils aient besoin de surveillance, surtout pour le placement des femmes, cela est certain ; ils n'en ont pas moins rendu d'*indiscutables* services, et ils étaient appelés à jouer un rôle aussi utile aux salariés qu'aux salariants.

Les moyens de recrutement doivent être variés comme les besoins de l'industrie, et la liberté, essentiellement organisatrice, avec le concours de l'expérience, saura seule adapter les moyens au but.

La question est plus avancée dans les pays anglo-saxons, où la superstition du Grand-Manie-Tout n'a pas étouffé l'initiative des hommes et des groupes naturels.

∴

Dans la nature, il n'y a que des utilités qui restent toujours gratuites. Avec ces utilités gratuites l'homme crée des valeurs ; la valeur est toute de création humaine.

Les hommes n'échangent que des valeurs.

∴

Pour qui va au fond des choses, la concurrence universelle est la solidarité universelle.

∴

La légende du bas de laine est quelque peu surannée ; on ne s'amuse plus à empiler des pièces d'or sur des pièces d'argent. Cependant on tient, en cas d'imprévu, à avoir sous la main des fonds disponibles. La solution du problème est donnée par le titre mobilisable. Aussi jouit-il d'une grande faveur près du public par ce double avantage : il donne un intérêt, il est immédiatement convertible en monnaie sans frais, ou du moins sans frais appréciables.

En allant de plus en plus aux titres mobilisables, l'épargne favorise de plus en plus le développement de la grande industrie.

∴

Le producteur d'un produit, dit M. de Molinari, est consommateur de tous les autres.

A première vue, il semble donc que le bon marché général, c'est-à-dire l'abondance, est un bien ; et que le protectionnisme soutient un étrange paradoxe, quand il prétend faire de la cherté, c'est-à-dire de la disette, un avantage pour tous.

∴

La guerre a rempli cet office de constituer ces personnes morales qu'on appelle des nations ; elle a, par l'extension des nationalités, mis en communication les étroits marchés locaux ; elle a étendu l'aire de la sécurité et agrandi les débouchés de la production.

La guerre était une nécessité, à l'époque de la petite industrie ; la concurrence productive, pour le plus grand bien de tous, succède à la concurrence destructive.

∴

La monnaie métallique joue un rôle de plus en plus accessoire, par rapport aux procédés fiduciaires, soit pour l'échange, soit pour la capitalisation.

La monnaie réelle n'a plus guère d'emploi que pour les besoins de la vie commune, mais les grandes transactions se font par virements de comptes et autres procédés fiduciaires. Des affaires se traitent par milliards pour ainsi dire sans débourser un sou.

C'est une conséquence de l'immense révolution accomplie par l'avènement de la grande industrie

Sous le régime, dont nous sortons à peine, de la petite industrie et des petits marchés, on pouvait suffire au transport des valeurs avec la monnaie réelle ; maintenant ce n'est plus praticable.

On n'éprouvait pas un besoin pressant de s'assimiler les progrès industriels réalisés ailleurs. Maintenant, la concurrence universalisée par la fusion des marchés locaux, réunis par de prodigieux moyens de transport, dit à l'industrie de tout pays, pour le bien général : marche ou meurs !

A ce prodigieux mouvement de transport des choses devait correspondre nécessairement de puissants moyens de transport des valeurs ; la banque et les autres procédés fiduciaires sont à la monnaie réelle ce que les chemins de fer sont au roulage. Mais tous les procédés fiduciaires ne supprimeront pas plus la monnaie métallique que les chemins de fer n'ont supprimé les voitures.

∴

Plus il y aura de capitalistes et mieux ces capitalistes seront munis ; plus il y aura de travail et mieux le travail sera rémunéré.

D'après Karl Marx, le capital doit se concentrer de plus en plus dans quelques mains ; l'expérience et les faits l'ont convaincu d'erreur. Il ne s'est point rendu compte de l'importance de la révolution produite par l'invention des titres mobilisables. La Société anonyme, qui groupe les petits capitaux, est la forme de la production moderne.

∴

L'intérêt d'*un* producteur est contraire à l'intérêt du consommateur de son produit, mais l'intérêt de la généralité des producteurs est identique à l'intérêt de la généralité des consommateurs — par la raison que le producteur d'un produit est consommateur de tous les autres.

∴

Le mouvement abolitionniste, auquel M. Yves Guyot et Madame Avril de Sainte-Croix se sont consacrés avec tant de dévouement, se développe en Pologne avec éclat.

Un congrès de femmes polonaises, réuni à Cracovie, a énergiquement réprouvé la réglementation de la prostitution comme injuste et immorale.

∴

Sans doute, il faut remplir ses devoirs d'homme, mais la division du travail conduit à la division de la vertu. La société demande avant tout, à chacun, la pratique de ses devoirs professionnels ; pour les autres devoirs, elle est plus ou moins indulgente. Elle est impitoyable pour le juge inique, le soldat sans bravoure, le médecin sans conscience.

On a eu raison d'élever une statue à Masséna, qui n'était pas précisément un saint.

Faire le bien, pour un officier,est de perfectionner les moyens de destruction dont dispose sa patrie. En contribuant à inspirer le respect de son pays (les nations ne sont respectées que si elles sont craintes), il contribue d'ailleurs au maintien de paix.

Il faut être de son temps, tout en aspirant à un idéal et en le préparant. M. Clémenceau a bien exprimé la vérité actuelle : la guerre est un grand mal, mais ce n'est pas le plus grand de tous les maux.

Une nation est une personne morale ; il lui est aussi interdit d'être lâche qu'à un individu.

∴

Ce n'est pas en couvrant la France de latinistes qu'on lui rendra son lustre ; ce qu'il lui faut d'abord, ce sont des gens ayant bon pied, bon œil et du cœur sous la mamelle — puis des ingénieurs habiles, de grands industriels, de vastes intelligences commerciales.

∴

En France, nous entendons par liberté un gouvernement faible, à la merci de la rue, chargé en compensation des petites affaires de chacun et du bonheur de tous.

C'est précisément le contraire de la liberté.

La liberté veut un gouvernement énergique, strict observateur de la loi, mais d'attributions très bornées.

∴

Peut-être l'entente cordiale aura-t-elle ce résultat désirable de nous faire mieux connaître l'Angleterre, de nous inviter à imiter sa prudente politique financière et de nous imprégner, à son contact, de cet esprit autarchiste qui fait sa grandeur.

∴

L'homme commence par la production directe : chacun confectionne pour soi ce dont il a besoin ;

à la production directe, pour soi, succède la production indirecte, pour l'échange — on produira pour autrui, qui produira pour vous.

La production pour autrui, la production pour la masse humaine est incomparablement plus puissante que la production directe, pour soi. Seule la production indirecte, la production pour l'échange permet l'emploi du grand outillage. On ne construira pas une usine pour se confectionner une chemise. La production indirecte crée la solidarité et l'altruisme inconscients et involontaires, mais efficaces.

⁂

L'idéal est une société qui rémunère l'individu suivant les services qu'il lui rend. Là est la justice. Pour y arriver, il n'y a pas d'autre moyen que la plus complète liberté du travail et de l'industrie, le droit d'association et de coalition étant la plus importante de toutes les libertés, dans l'ordre économique. Il est aujourd'hui absolument faux qu'avec le plein exercice du droit d'association et de coalition, le capital puisse imposer au travail les conditions qu'il lui plaît

⁂

La réputation de probité fait partie du capital d'une maison ; c'est un élément très sérieux de sa prospérité. Certes, il y a des fraudes et des fraudes qui réussissent — pour couler sous peu le fraudeur; mais il suffit d'ouvrir les yeux et d'observer de près le monde commercial pour voir combien est fausse cette assertion qu'il suffit d'être un adroit fripon pour être riche. Cette thèse, soutenue avec aplomb, n'en provoque pas moins toujours des applaudissements forcenés dans les réunions publiques.

∴

Les socialistes se proposent de dépouiller la minorité au profit de la majorité, ils ne seraient pas longs à voir le fond des bourses; les protectionnistes, plus pratiques, exploitent la majorité au profit de la minorité — ici, il y a de la ressource; ça peut durer aussi longtemps que la bêtise des exploités, il y a chance pour que cela dure toujours.

∴

L'absorption de l'individu par l'État, conséquence de notre incapacité dans l'usage de l'association libre et volontaire, forme pratique de la liberté, telle est la maladie héréditaire que la monarchie catholique nous a inoculée et dont nous ne pouvons guérir.

∴

On entend, généralement, en France, par démocratie le pillage et le gaspillage des deniers publics.

∴

Je viens de lire un discours socialiste dans lequel l'orateur s'écrie avec conviction : la question sociale, c'est cependant si simple !

Et les auditeurs approuvent par un tonnerre d'applaudissements.

Dans cette foule, il n'y a pas un homme ayant conscience de la multitude et de l'inextricable entrelacement des rapports des hommes et des choses dans le monde moderne. Moins on connaît l'anatomie du corps social, plus il paraît simple. L'anatomie du bœuf est beaucoup plus simple pour un boucher que pour un professeur de l'école d'Alfort. Plus le consciencieux analyste étudie la physiologie sociale, plus il est épouvanté de sa complication.

J'entendais dire à un socialiste, un lettré cependant : « Rien de plus simple que l'organisation sociale : l'homme et la femme s'accouplent, les enfants sont élevés par la commune sans connaître ni père ni mère ; ça n'est pas plus difficile que ça ». Il ajoute : « Tant qu'il y aura de la famille, il n'y aura pas de justice ; la famille est le germe de toutes les iniquités ».

C'est, en effet, très simple ; aussi cela séduit, par sa simplicité, des esprits sans culture — ou des esprits très cultivés, mais simplistes, portés par leur tempérament à ne voir qu'un côté des choses qui les hypnotise. Si ces derniers ne sont pas les plus clairvoyants, ils sont souvent les plus puissants.

∴

Plus les organismes vivants remplissent des fonctions complexes, plus ils sont exposés à des maladies variées ; il en est de même des sociétés. La complexité est la conséquence du développement social : avec le progrès, grandissent le nombre et la variété des maladies. Jamais huître ne souffrit de la migraine ; les Tasmaniens n'ont pas connu les kraks, et la Terre-de-Feu n'a jamais vu de grèves. Le progrès s'avance avec son escorte de dangers et de maux.

∴

Tout remède à une maladie sociale engendre des maladies nouvelles... c'est le fouet qui nous fait marcher. Si les hommes trouvaient un jour la félicité, il n'y aurait plus de progrès ; notre condition est la lutte.

∴

Pour le Français, généralement socialiste ou protectionniste, étatiste toujours, la démocratie est la mise en pratique du principe ancien, mais décoré, pour être rafraîchi, du nom de solidarisme : dépouillez-vous les uns les autres.

∴

Le phalanstérien Toussenel, par son livre « Les Juifs, rois de l'époque, » a ressuscité l'antisémitisme que l'on avait le droit de croire mort. Il professait aussi pour le protestantisme une violente antipathie. Cela se conçoit ; le socialisme, adorateur de l'Etat, est nécessairement l'adversaire du *Self government* (autarchie) issu du protestantisme ; il est logiquement sympathique au catholicisme autoritaire.

∴

En Danemark, d'après M. Fréderiksen, les coopératives agricoles donnent d'admirables résultats, surtout à cause de leur préoccupation de ne vendre que des produits de première qualité : les œufs, pour ne citer que cela.

Tel est le résultat final de la concurrence. Si la concurrence conduit parfois à la falsification et enrichit le falsificateur, c'est toujours pour un temps limité ; la marque du fraudeur est vite dépréciée, et sa marchandise lui reste pour compte. Non seulement la concurrence met les produits à la portée d'un nombre de plus en plus considérable de consommateurs, non seulement elle démocratise les produits, mais elle garantit la qualité du produit.

Malgré d'incontestables défaillances, le commerce vit de probité, et la loyauté est l'âme du négoce.

Sans doute, la concurrence, comme toute chose ici-bas, a son revers; mais, pour juger sainement une chose, il faut établir la balance équitable de ses avantages et de ses inconvénients. Or, si l'histoire met un fait en lumière, c'est bien le rôle de la concurrence comme agent par excellence du progrès humain : d'abord concurrence politique et guerrière pour constituer les nationalités ; après la constitution des nationalités, concurrence entre elles à travailler le mieux possible au bien être de l'humanité.

∴

En dépit des efforts du mélinisme pour faire vivoter à grands frais des industries impropres aux pays où il règne, la puissance des moyens de transport l'emporte et localise les branches de la production dans les régions où elles sont le mieux adaptées au milieu.

∴

Quand on a étudié, toute une vie, cet être si effroyablement compliqué qu'est la société moderne, on est bien obligé de convenir qu'on en connaît si peu que rien.

∴

Autant le Français est économe, autant l'Etat est dépensier. Il est à craindre que bientôt le Français, ne tirant, de son travail et de son économie, que la satisfaction de voir l'Etat resplendir à ses frais, se décourage et cesse de travailler et d'épargner.

∴

L'Anglais vit de bœuf, le Français de mots sonores.

∴

C'est une indigne calomnie de représenter les économistes comme uniquement préoccupés des intérêts bourgeois ; leur unique préoccupation est l'intérêt général et permanent de l'espèce — les économistes sont essentiellement des humanitaires.

∴

« Un jour viendra, dit M. de Molinari, où les capitaux engagés dans la grande production seront représentés par des titres mobilisables ». Les socialistes ne comprennent ni l'importance ni la portée de cette transformation, parce qu'elle change la forme de la propriété, sans tapage. La propriété personnelle se restreint, la propriété collective s'étend — et le titre mobilisable réalise le collectivisme en sauvant la liberté.

*
* *

Le secrétaire du syndicat de Toulon a nettement exprimé la vraie pensée socialiste : « le but que nous poursuivons est une transformation sociale ; nous sommes absolument opposés à toutes les mesures ayant pour but d'assurer ou de favoriser l'émancipation individuelle. »

Ceci n'est pas le socialisme des socialistes amateurs, c'est le vrai.

*
* *

Touchant échange : nous avons passé l'absinthe aux Indo-Chinois, ils nous l'ont rendue en opium.

Le plus déterminé des autarchistes ne protestera pas contre l'interdiction de la vente de ce poison. Personne ne conteste la nécessité d'une tutelle publique ; mais tandis que le socialisme rêve le maximum de tutelle, l'autarchie réclame la suppression de toute tutelle dont la nécessité n'est pas impérieusement démontrée — les fumeurs d'opium sont des déséquilibrés dont la mise en tutelle s'impose.

*
* *

C'est par le canal des Bourses que s'opère l'apport des capitaux à la production : elles sont l'instrument de la mobilisation des titres de valeurs mobilières. La Bourse est le cœur de la circulation des capitaux ; elle est la vie de la grande industrie. Rien de plus important pour la prospérité nationale que l'existence, à Paris, d'un grand marché de capitaux. Qui fait la guerre à la Bourse, fait la guerre au travail.

∴

C'est bien à la science, sans doute, que nous devons les grandes inventions modernes ; mais la conception n'est pas la réalisation. C'est l'exécution qui fait entrer l'invention dans le domaine des faits.

C'est à une invention capitale, quoique n'ayant rien de scientifique, que nous devons la réalisation des chemins de fer, câbles sous-marins, transports maritimes, sociétés d'éclairage... de tout ce qui apporte un peu de bien-être au monde civilisé. Cette invention magique est celle des titres mobilisables qui, seule, a permis la prodigieuse agglomération de capitaux nécessaire pour faire entrer dans le réel ce qui n'exista d'abord que dans le cerveau des ingénieurs et des savants.

∴

Pourquoi l'esprit d'initiative s'éteint-il en France ? C'est qu'il est étouffé entre l'obsession fiscale et le socialisme d'Etat.

Les entreprises ne se montent plus que très difficilement. Comment rien entreprendre devant tant d'aléas, entre autres l'inconnu de l'impôt ?

Après avoir établi vos calculs avec un soin méticuleux, vous avez créé une industrie, avec espoir et chance de profit ; un nouvel impôt, sorti de la féconde imagination du législateur, bouleverse toutes vos prévisions et transforme votre profit en ruine.

∴

Le bon marché, c'est l'accession possible d'un nombre de plus en plus considérable de membres de la société aux biens et aux jouissances, réservés auparavant à une petite minorité.

Le bon marché, c'est le grand égalitaire.

∴

Il est des moments où la lutte contre un préjugé est peine perdue ; dans ces conditions, il faut se résigner à faire la part du feu.

Ainsi, dans la question du libre échange, on doit se demander ce qu'il faut avant tout arracher aux griffes du protectionnisme. Pour le moment, il n'y a pas à songer à améliorer l'alimentation des classes laborieuses ; M. Méline et consorts interdisent la viande et veulent le pain cher... ils font de la vie un carême.

Ce qu'il faudra sauver à tout prix, c'est le bon marché de la houille et du fer ; parce que le fer est l'outil, et le charbon le pain de l'industrie. On mesure la puissance d'un peuple à sa consommation de houille et de fer.

*
* *

Pourquoi disons-nous l'autarchie et non pas l'anarchie ? Parce que nous reconnaissons la nécessité de la Tutelle Publique. Exemple : aucun de nous ne proteste contre la règlementation de la tutelle de l'enfant, parce que l'enfant est un mineur. Nous admettons (ou plutôt nous voulons) la tutelle publique, en cas d'insuffisance de la tutelle familiale, parce que l'enfant a besoin de tutelle.

Comme la concurrence et l'association libre et volontaire sont les deux pôles de la pile économique, la pile sociale a pour pôles la liberté individuelle et la tutelle publique.

Mais ne confondons pas la réglementation et la fabrication. Ce dont nous ne voulons à aucun prix, c'est de l'Etat industriel et commerçant ; sur ce point, nous sommes irréductibles. Il faut n'avoir jamais vu fonctionner l'Etat entrepreneur, pour avoir la moindre illusion à cet égard. Le résultat obtenu par l'Etat fabricant d'allumettes est typique.

Les récentes découvertes de l'hygiène ont allongé le rayon d'action de la tutelle publique, mais ici il s'agit de surveillance et non de fabrication.

Fixer les limites de la liberté individuelle et de

la tutelle publique est impossible, parce que ces limites sont variables avec les besoins des temps et des lieux. Les oscillations de cette antinomie forment la substance essentielle de l'histoire.

Jamais l'autarchie n'a nié la nécessité de la tutelle publique, mais elle réclame sa réduction au minimum nécessaire, Elle demande qu'on ne touche pas à l'initiative individuelle, sans que la nécessité, dans l'intérêt public n'en soit impérieusement démontrée. Elle considère le développement exagéré de la tutelle publique, comme un caractère d'infériorité pour une nation.

Rappelons quelques vérités :

La liberté est essentiellement organisatrice — elle seule peut construire, par l'association libre et volontaire, la plupart des organes nécessaires à l'effroyable complexité du monde moderne.

La concurrence et l'association libre et volontaire sont les deux pôles de la pile économique — l'association limite la concurrence, exemple : les trusts.

La concurrence universalisée, c'est la solidarité universalisée.

∴

Le capital est l'ensemble des instruments et des matériaux engagés dans la production ou disponibles — C'est la vraie richesse, le capital intellectuel étant mis à part.

On a cru longtemps que l'or et l'argent étaient la richesse. C'est une des erreurs dans lesquelles sont tombés jadis les hommes d'Etat — elle a engendré la fameuse Balance du commerce que nous servent encore pieusement bon nombre de journalistes. Cette conviction, que l'or est la richesse, a été la principale cause de la détestable politique encore soutenue aujourd'hui par les arriérés disciples de M. Méline.

La monnaie est le véhicule du transport des valeurs. A ce titre, elle fait partie de la richesse nationale, comme les chemins de fer, véhicules du transport des produits.

.·.

Les conflits des intérêts dans le monde économique, aboutiraient au plus complet désordre, s'il n'existait, comme l'a si bien signalé M. de Molinari, un régulateur suprême qui ramène incessamment le prix des produits et les rétributions des coopérateurs au taux nécessaire pour assurer la conservation et le progrès de la coopération e de la production.

La production et la rétribution se règlent d'elles-mêmes sous l'influence de ce régulateur impartial et inflexible : la concurrence associée à la loi de la valeur. Le devoir du gouvernement est d'assurer le fonctionnement de ce régulateur.

C'est toujours au détriment de la justice et des intérêts du plus grand nombre qu'il assume le rôle de régulateur.

∴

A mesure que la quantité d'un produit offert à l'échange augmente ou diminue en raison arithmétique, la valeur de ce produit augmente ou diminue en raison géométrique.

Telle est la loi de la valeur formulée par M. de Molinari.

∴

Le travail national est celui vers lequel se porte spontanément l'industrie nationale; par conséquent, il n'y a de travail national que celui qui n'a pas besoin de protection.

∴

Est-ce que les adversaires de la séparation de l'Eglise et de l'Etat regrettent le temps où Napoléon disait : « Avec mes préfets, mes prêtres et mes gendarmes, je ferai de la France ce que je voudrai » ?

Etait-ce le bon temps pour l'Eglise, celui où elle était assez asservie pour recevoir, des mains de l'empereur, l'étrange catéchisme que l'on apprenait aux enfants ?

CATÉCHISME DE L'EMPIRE

D. Quels sont les devoirs des chrétiens à l'égard de ceux qui les gouvernent, et quels sont en particulier nos devoirs envers Napoléon 1er, notre Empereur ? — R. Les chrétiens doivent aux princes qui les gouvernent, et nous, en particulier, à l'empereur Napoléon l'amour, le respect, l'obéissance... *Honorer et servir notre empereur est donc honorer et servir Dieu lui-même.* — D. Que doit-on penser de ceux qui manqueraient à leur devoir envers notre empereur ? — R. Selon l'apôtre Saint-Paul, ils résisteraient à l'ordre établi par Dieu même et *se rendraient dignes de la damnation éternelle.*

∴

C'est l'aptitude à créer des capitaux, dit M. de Molinari, qui distingue le civilisé du sauvage.

La production des capitaux est la caractéristique de la puissance des nations.

Il y a deux manières de créer des capitaux : l'activité ou l'économie. Exemples : la méthode américaine et la méthode française.

Ou l'individu est actif, entreprenant, *ne recule pas devant le risque*, travaille beaucoup et consomme beaucoup — c'est la méthode américaine.

Ou l'individu est économe, c'est le cas de la France.

De plus en plus, la France tourne au petit boutiquier, qui ne risque rien, qui fait tranquillement, dans son petit coin, sa petite pelote.

Il vit chichement et ramasse un joli magot relativement à ce qu'il gagne.

Aussi la France peut-elle prêter de l'or aux nations étrangères et, suivant l'expression de M. Pallain, directeur de la Banque de France, jouer le rôle de banquier du monde.

∴

M. Edmond Théry nous démontre, par des chiffres indiscutables, la progression du commerce de la France. Ses affirmations ne peuvent être discutées.

Mais il y a deux sortes de progrès : le progrès absolu et le progrès relatif. Notre progrès absolu est indiscutable ; notre défaillance relative ne l'est pas moins.

∴

M. le Sénateur Béranger à fait la proposition suivante :

« Tout mineur, saisi à l'état habituel de prostitution, sera conduit devant le juge de paix qui ordonnera son renvoi dans un endroit approprié à sa réforme morale. »

Autant nous sommes intraitables, quand il s'agit de la liberté individuelle du majeur, autant nous estimons légitime la Tutelle publique à l'égard du mineur.

Tutelle du mineur, autarchie du majeur.

∴

Si l'Angleterre est notre rivale sur quelques marchés où nous faisons d'ailleurs assez piètre figure, elle est notre grand consommateur. Plus elle englobe de nations, plus elle devient pour nous une cliente riche et dépensière.

∴

Obtenir la construction de voies ferrées conduisant à des marchés nouveaux, établir des routes maritimes par la création d'escales et de dépôts de charbon, obtenir à l'étranger la concession de grands travaux publics, remplace dans les préoccupations de la diplomatie le souci des acquisitions territoriales. Aux Affaires étrangères, les questions économiques prennent de plus en plus le pas sur les questions politiques.

∴

L'entente cordiale avec l'Angleterre nous vaut

les sympathies du Portugal qui complètent la fédération occidentale, moralement faite et cimentée par un ardent désir général de paix.

∴

Le pogrom est une institution russe, mise en action officiellement par l'autorité constituée — c'est le massacre des juifs par la lie de la populace, organisée par la police sous la protection de l'armée.

Si les juifs n'étaient pas révolutionnaires, ce serait bien étonnant.

∴

La persécution des juifs est une des causes de la démoralisation de la Russie, parce qu'elle entretient l'amour du sang dans les masses et, chez l'autorité, l'amour des pots de vin.

∴

Ce qui se passe en Russie, au Congo et à Madagascar, prouve la trop cruelle vérité de ce mot de Carlyle : « La civilisation n'est qu'une enveloppe dans laquelle la nature sauvage de l'homme brûle à jamais d'un feu infernal ».

∴

« La Petite République » m'ayant demandé mon opinion sur l'adoption, par la France, du méridien de Greenwich. j'ai essayé de démontrer combien il importerait, pour les diverses marines du monde, d'arriver à l'unité cartographique.

J'estime, en effet, que sans réflexion, correction ou calcul, tous les marins devraient pouvoir se servir indifféremment de toutes les cartes, quelle que soit leur nationalité. J'estime que c'est là une réforme qui aurait sa petite importance dans la marche lente, mais évidente, de notre espèce vers l'unité. Dans ma pensée, d'ailleurs, l'adoption par la France du méridien de Greenwich entraînerait l'adoption du système métrique par l'Angleterre. Donnant, donnant. Non seulement l'adoption du système décimal français faciliterait considérablement les relations commerciales, si nombreuses entre les deux pays voisins, mais elle aurait pour conséquence immédiate l'adoption du système métrique par le quart du globe, car telle est l'étendue de l'empire Britannique.

*
* *

Voilà la question du canal des Deux Mers qui revient sur le tapis.

On invoque à ce sujet la défense nationale.

Si je ne croyais émettre à ce sujet qu'un avis personnel, je me tairais ; mais je sais exprimer l'opinion de bon nombre de mes camarades.

Quelle est la qualité dominante des escadres modernes ? C'est leur extraordinaire mobilité ; aussi doivent-elle être toujours prêtes à quitter instantanément le lieu où elles se trouvent. Une escadre paralysée dans ses mouvements est une escadre annihilée.

Quel est la suprême ambition d'un chef d'escadre ? Qu'on ne sache pas où il est et qu'il sache où est l'ennemi.

Pendant que l'escadre sera dans le canal, le monde entier saura où elle est, sa marche sera connue avec certitude mètre par mètre.

Pendant qu'elle sera dans le canal, elle sera prisonnière et *l'ennemi sera maître absolu de la mer.*

Ce sera long de faire traverser le canal à une escadre : 1° parce que les navires y fileront 6 nœuds au maximum ; 2° par les énormes pertes de temps, causées par les nombreux éclusages.

Ecluser toute une escadre ! écluser des navires de 18.000 tonnes ! cela ne se fera pas en un clin d'œil.

Pourrait-on naviguer de nuit ? On ne l'osait pas dans le canal de Suez avant qu'il fût éclairé à l'électricité.

S'il vente un peu frais, gouverner avec des navires de 12 à 18.000 tonnes ne sera pas commode.

J'admets l'efficacité de la surveillance ; néanmoins l'obstruction du canal par la malveillance stipendiée ou fanatique n'en est pas moins un aléa redoutable.

Aux frais de construction du canal, il faudra

ajouter ceux de l'établissement, à chaque extrémité, de rades-abris protégées par des forteresses formidables. Si ces onéreuses précautions n'étaient pas prises, l'ennemi attendrait qu'une partie de l'escadre soit engagée dans le canal pour détruire le reste. A la sortie ce serait encore pis, les navires sortant un à un seraient coulés sans effort l'un après l'autre.

Je sortirais de ma compétence en parlant de l'énorme quantité d'eau consommée par l'éclusage de toute une escadre, mais je sais des ingénieurs que ce problème inquiète fort.

Le canal, inutile ou funeste pour la défense nationale, sera-t-il pratiqué par le commerce ? non, sans doute ; il y aurait perte de temps pour les navires. Il a plus de dix ans (et la vitesse des navires a singulièrement progressé depuis) les calculs ont été faits ; comme temps, les navires ont tout intérêt à faire le tour de l'Espagne — par les raisons données plus haut des nombreux éclusages et de la limitation de la vitesse à 6 nœuds. On paiera bien pour passer le canal (au moins les étrangers), et ces frais de passage absorberaient bien vite la minime économie de combustible.

Il y a sur cette question un projet plus modeste, mais plus pratique. Nous avons jadis fait campagne pour l'aménagement du canal du Midi pour le cabotage (ce qui ne l'empêcherait en rien de remplir ses fonctions actuelles). Cette proposition a été adoptée par la Société de Géographie du groupe Sud-Ouest. Le cabotage pourrait ainsi se faire de Dunkerque à Marseille sans quitter la terre de France, ce qui serait un immense avantage. Par cette voie, on pourrait faire passer les torpilleurs et les sous-marins. Cette solution utile et pratique du canal des Deux-Mers ne gagnera vraisemblablement pas la faveur populaire, plus frappée par l'énorme que par l'utile.

Pour séduire les masses, il faut engouffrer leur argent par milliards.

Si l'on tient à entreprendre un travail qui frappe les imaginations, pourquoi ne pas entreprendre le tunnel sous la Manche ?

∴

A propos de l'adoption par la France du méridien de Greenwich, M. Frédéric Passy a bien voulu m'écrire : « Je suis tout-à-fait de votre avis. Il n'y a pas plus de raison de s'obstiner à repousser le méridien de Greenwich, qui est celui de la Belgique, que de repousser le système décimal qui est celui d'une bonne partie du monde européen, et les facilités résultant de ce double accord seraient considérables et du meilleur effet pour nos relations de tout ordre ».

.·.

L'Egypte pourrait être depuis longtemps française. Quand Louis XIV voulut frapper la Hollande, alors maîtresse du commerce des Indes, Leibnitz lui signala la facilité d'occuper l'Egypte. A notre grand dam, ce souverain bigot préféra envahir la Hollande.

Quelle eût été la destinée de la France, si Louis XIV avait aiguillé sa politique dans le sens indiqué par le grand philosophe ? Nul ne peut le dire, mais assurément ni la France, ni l'Europe, ni même le monde ne ressembleraient à ce qu'ils sont aujourd'hui.

.·.

L'Asie tropicale ayant des produits qui lui sont propres, les relations de l'Europe et de l'Asie doivent prendre une importance sans cesse croissante. Mais la route de l'Inde et de la Chine est tout entière dans des mains anglaises ; entre nos stations de la mer Rouge et la Cochinchine, l'hiatus est énorme. Notre Cochinchine est en l'air, au point de vue commercial, comme au point de vue stratégique.

Notre situation géographique, comme notre passé historique, nous désignent l'Afrique pour théâtre de notre développement futur. La proximité est un des principaux éléments de force. Si nous avions dépensé dans l'Afrique occidentale tout ce que nous avons dépensé ailleurs, nous posséderions un vaste empire à notre porte. Aussi importe-t-il d'envoyer dans ces pays de dignes représentants de l'esprit français et non des bourreaux particulièrement préoccupés de la satisfaction de leurs passions sadiques.

∴

La guerre est un mal, mais la lâcheté nationale est un bien plus grand mal.

∴

La politique, surtout la politique extérieure, est bien souvent l'art de compliquer des choses très simples

∴

Dans un cercle politique, un américano-belge soutenait que tous les maux de l'empire du tzar proviennent des fonds français prêtés à la Russie. Sans les milliards français, pas de Transsibérien, pas d'organisation militaire à Port-Arthur et à Vladivostock, pas d'achats de canons et de munitions, pas d'arrogance envers les Japonais, pas de guerre, pas de révolution !

∴

Dans « le Matin » du 20 novembre, M. de Lanessan exposait fort judicieusement que Bizerte, d'une part, et Brest, de l'autre, seraient fort en danger, si l'Allemagne, après nous avoir battus sur mer, prenait à revers Brest et Bizerte avec des armées transportées, et il demande le renforcement de notre marine. Pour Bizerte, c'est possible ; mais j'imagine que, *dans son propre intérêt*, jamais l'Angleterre ne tolérerait l'occupation du Finistère par l'Allemagne. Il faudrait non seulement nous supposer réduits à l'impuissance, mais elle aussi.

Renforçons donc notre marine, si c'est possible ; mais n'oublions pas que l'Allemagne a 60 millions d'habitants et nous 40 ; que nous avons plus de 30 milliards de dettes, et elle 4 ; que l'Allemagne a une puissance métallurgique supérieure à la nôtre ; enfin que sa puissance économique est en progression et la nôtre en décadence. L'Allemagne est un danger, mais la banqueroute en est un autre. Prenons garde de rançonner le pays, au profit de l'Etat, au-delà des limites raisonnables.

L'Etat, s'enflant comme la grenouille, pourrait bien subir son sort.

La conclusion la plus claire de l'article de M. de Lanessan, c'est de travailler à la triple entente cordiale entre la France, l'Angleterre et les Etats Unis.

Cette entente si ardemment prônée par M. Carnegie assurerait la paix du monde.

Augmentons donc notre flotte, si nous le pouvons ; nous n'en aurons jamais assez, mais à la condition de consulter notre bourse.

En parlant de cette triple entente cordiale, M. Carnegie s'exprime ainsi : « Voilà une trinité de nations dirigeantes, bien décidées à garder entre elles une paix durable » — et bien décidées à faire profiter le monde de cette paix.

⁂

Le 14 décembre 1903, Saïd-Ali, sultan de la Grande Comore, est invité à dîner par le gouverneur de Mayotte à bord du navire de guerre l'*Eure*. Aussitôt le Sultan embarqué, l'*Eure* appareille et conduit, à la Réunion, Ali fait prisonnier par cette indigne trahison.

On ne peut vraiment accuser le ministère des colonies d'être trop avancé, puisqu'il remet en honneur les procédés de Machiavel et des Borgia — quand il ne tombe pas au-dessous de la barbarie primitive.

⁂

Carnegie attribue, en grande partie, la prospérité des Etats-Unis à ce fait que la Grande République se compose de « 45 nations vivant sous un régime de libre-échange ».

Cette observation de Carnegie indique bien le but vers lequel devrait tendre l'Europe : former un bloc économique.

Nous n'y songeons guère, le passé de l'Europe plane au-dessus d'elle comme un mauvais génie.

D'une part, l'Europe sent ses destinées entre les mains d'un puissant fantasque, bien résolu à étonner le monde, mais qui se demande en quel sens il dirigera ses forces et ses facultés. On dirait un aigle perché sur un rocher, incertain dans ses convoitises. Nul (peut-être pas lui-même) ne connaît les pensées de derrière la tête de cet énigmatique omnipotent, attendant peut-être la mort d'un grand voisin pour prendre une résolution définitive. D'autre part, la vieille Europe fatiguée par le long travail d'enfantement de cette civilisation qu'elle a donnée au monde, s'endort dans ses idées rétrogrades, hypnotisée par le mélinisme qui règne à peu près partout.

Le militarisme allemand, le protectionnisme français s'entendent involontairement et marchent d'accord pour maintenir la funeste division de l'Europe.

Aussi, tout en maintenant l'idéal d'une union douanière européenne, devons-nous chercher un abri sous la tente de la triple entente cordiale des Etats-Unis, de l'Angleterre et de la France.

∴

A propos de la Russie, M. Jaurès parlait ces jours-ci de « l'admirable parti révolutionnaire qui saurait rétablir l'ordre dans la liberté », phrase de journaliste, mais non espoir réfléchi d'un homme informé.

∴

« Une pièce que deux hommes peuvent porter partout, dit M. de Lanessan, et qui tire plus de 600 coups par minute, peut remplacer bien des soldats ».

Voilà un exemple bien frappant de cette vérité : dans l'industrie de la guerre, comme dans l'industrie productive, le rôle du capital (ou de l'intelligence, de l'esprit d'invention, c'est tout un) grandit tous les jours — c'est-à-dire que la richesse nationale joue un rôle de plus en plus important dans la puissance guerrière.

De nos jours, la décadence économique entraîne la décadence guerrière.

Il est d'ailleurs bien entendu que, si le rôle de la richesse nationale grandit tous les jours en matière d'armement, elle ne remplacera jamais le patriotisme.

∴

A Tokio, une campagne est engagée pour rendre plus étroites les relations de la France et du Japon ; c'est une heureuse conséquence de l'entente cordiale.

Il est bon d'avoir des amis partout, surtout quand ils sont forts ; mais le seul moyen d'avoir des amis forts, c'est d'être fort soi-même.

La première condition pour être fort, c'est d'être juste.

∴

L'Angleterre est une grande artiste en coalition, nous l'avons jadis appris à nos dépens. Il semble bien qu'elle ébauche (mais cette fois pour le maintien de la paix) une coalition avec le Japon, les Etats-Unis et la France. Devant cette coalition pacifique, mais formidable, les plus turbulents seront bien contraints de rester tranquilles.

∴

A l'important banquet de la ligue franco-italienne, l'ambassadeur d'Italie a prononcé ces paroles si justes : « le patriotisme n'est pas possible avec le pacifisme ». — Cela est vrai. La formule commandée par le temps présent est : « Vouloir la paix, être prêt à la guerre », c'est peut-être regrettable, mais il n'en peut être autrement.

∴

Dans son solennel discours d'entrée aux affaires, Sir Henry Campbell Bannermann a prononcé ces paroles qui résument toute la politique extérieure de l'autarchie : « le militarisme à outrance, le protectionnisme sont de mauvaises herbes qui poussent sur le même terrain. »

∴

Pour qu'une idée fasse son chemin, il ne suffit pas qu'elle soit juste, il faut qu'elle soit mûre. L'entente cordiale semble avoir mûri l'adoption, par la France, du méridien de Greenwich.

La question a déja été discutée au Bureau des longitudes, et, si l'adoption de ce méridien fut rejetée, elle n'en réunit pas moins une minorité imposante qui comptait dans ses rangs M. Poincaré. A l'Académie, M. Berthelot se prononça pour ; mais l'Académie (et telle fut aussi l'opinion de M. Berthelot) se refusa à mettre la question aux voix, alléguant que ce n'était pas une question scientifique.

Il y a 4 ou 5 ans la question fut agitée dans les milieux scientifiques, maritimes et parlementaires. Les discussions dont elle a été l'objet ont eu le grand avantage de mettre en lumière les arguments pour et contre. Aujourd'hui, il n'y a plus guère d'intransigeants que parmi les savants qui, par devoir professionnel, sont obligés de défendre le méridien de Paris.

On cherchera sans doute à éveiller à ce sujet les susceptibilités nationales. En réalité, l'amour-propre national n'a rien à voir en cette affaire. Tout le monde est d'accord sur l'opportunité de l'adoption d'un méridien universel.

La France l'a reconnu par l'organe de son représentant à la Conférence de Washington en 1884.

La question est donc celle-ci : la nécessité d'un méridien universel étant reconnue, quel sera ce méridien universel ?

Un des plus gros inconvénients de la réforme sera, pour les pays qui l'adopteront, la nécessité de modifier leurs cartes. Or il est certain que les trois quarts, pour ne pas dire les neuf dixièmes, des cartes dont on se sert dans le monde sont graduées sur le méridien de Greenwich. Faut-il donc que l'univers entier se sacrifie pour ménager les susceptibilités de la France ?

Aussi, à Washington, n'avons-nous eu pour nous que Saint-Domingue et le Brésil (l'empereur don Pedro, comme associé de l'Institut, avait donné l'ordre à son représentant de voter pour la France).

C'est mince.

Sur la proposition du délégué espagnol, la Conférence émit le vœu que l'Angleterre et les Etats-Unis se ralliassent au système métrique. L'Angleterre fit remarquer, à cette occasion, qu'elle venait d'adhérer à la Commission internationale du mètre.

Aujourd'hui le système métrique est légal en Angleterre ; mais elle estime ne pouvoir plus faire que l'*autoriser*, non l'*imposer*. Le gouvernement fait d'ailleurs une propagande active par l'envoi de documents explicatifs, par l'éducation d'agents dispersés dans le pays pour enseigner l'emploi de nos mesures. On peut donc dire, à la rigueur, que l'Angleterre a adopté le système métrique.

On pourrait sans doute souhaiter que dans les documents de l'Etat, les cartes par exemple, le gouvernement adoptât les nouvelles unités ; mais on comprend qu'il préfère attendre que le public se soit familiarisé avec nos mesures. Quand je suis entré dans la marine, et bien des années après, les sondes portées sur les cartes étaient exprimées en brasses et en pieds.

L'Angleterre adoptant nos mesures, il est juste que nous adoptions son méridien.

Aujourd'hui, il y a toute une région du globe (le fuseau compris entre 180° de Greenwich et de Paris) où il y a deux dates : l'une pour les Français, l'autre pour le reste de l'univers !

Outre de sérieuses raisons d'ordre universel, il y aurait dans l'adoption du méridien de Greenwich, un acte de courtoisie auquel l'Angleterre serait fort sensible, et qui resserrerait certainement l'entente cordiale.

∴

La façon dont nous traitons l'Indo-Chine n'est pas sensiblement supérieure à celle dont nous traitons Madagascar et le Congo. Ici la faute est moins pardonnable, parce qu'il ne s'agit pas de barbares, de non civilisés ou de sauvages, mais de populations à tous égards dignes de l'autarchie, comme le prouve le réveil des Japonais et des Chinois, auxquels l'Annamite n'est nullement inférieur.

Il est certain que Madagascar et le Congo ont besoin d'une tutelle; mais cette tutelle doit être une tutelle et non une féroce exploitation de l'indigène ; or, en Indo-Chine, nous sommes en face d'une population respectable.

Pendant plus de six années, j'ai fréquenté les Annamites ; je les juge aussi respectables que les Français de la métropole, et beaucoup plus que nombre de colons et de fonctionnaires qui les exploitent.

Avec une naïveté qu'excusait mon inexpérience, quand j'assistai à la conquête de la Cochinchine, je m'imaginai que nous allions libérer les populations du despotisme des mandarins (despotisme très paternel) ; je ne me doutais guère de tous les maux dont les mandarins blancs allaient inonder ce malheureux pays.

Le paternalisme indo-chinois était sans doute une forme arriérée de civilisation (bien que le paternalisme ait en France de nombreux partisans), mais il était certainememt moins dur que le despotisme sans contrôle des conquérants.

Quand on établit le budget en Cochinchine, on se préoccupe beaucoup moins des ressources des contribuables que des soi-disant besoins du budget. En première ligne de ces besoins figurent les appointements des mandarins blancs, et je vous prie de croire qu'ils se soignent. Les indigènes paient donc fort cher des gens qui les gouvernent selon leur fantaisie.

Après les plantureuses soldes de nos fonctionnaires, les indigènes ont à payer (et à quel prix !) les instruments de notre civilisation qu'on leur impose, et dont le but est, trop souvent, de fournir des entreprises lucratives à quelques colons. Ces progrès hâtifs, singulièrement onéreux, seraient venus d'eux-mêmes en leur temps. Mais une application prématurée a le double avantage de fournir une pâture immédiate à des affamés, et de permettre à nos proconsuls de laisser, après eux, une trace de leur dictature éphémère.

Pour ces divers besoins, il a fallu écraser d'impôts

l'indigène, de là une détresse générale. Ce n'est pas étonnant : on a fait comprendre aux administrateurs que leur avancement dépendait surtout du rendement de l'impôt.

« Aux portes d'Hanoï, dit « l'Européen, » des pères de famille vendent leurs enfants pour cent-quarante-huit centimes, pour qu'ils ne meurent pas, pour les sauver ».

Un ingénieux administrateur a trouvé un délicieux moyen de faire rendre l'impôt : « Quand un village n'achète pas assez d'alcool, il fait venir les notables et les met au rouleau », c'est-à-dire qu'il leur impose la corvée particulièrement pénible de traîner sur les routes le rouleau compresseur ». « Signal » du 16 décembre).

∴

Notre régime colonial est une honte pour la République.

∴

En Indo-Chine, c'est l'indigène qui peine et qui paie, c'est bien le moins qu'il ait le contrôle de l'emploi de son argent. Ce pays vit sous ce singulier régime, que celui qui profite de l'impôt le fixe, et que celui qui le paie n'a rien à y voir.

Un parlement annamite ne serait pas plus extraordinaire qu'un parlement japonais.

J'avoue être peu touché par les tirades sur les

Droits de l'homme, prononcés par des gens qui tolèrent nos iniquités coloniales, tout prêts d'ailleurs à profiter de cette exploitation humaine, en sollicitant les places exagérément rétribuées d'exploiteur.

∴

Dans la Revue « Foi et Vie » Mme Oronawkaia donne des renseignements sur le clergé russe. qu'elle paraît bien connaître. D'après elle, le clergé russe n'exerce aucune influence, par la raison qu'il se renferme dans l'exercice du culte, ne s'occupant pas de politique et ne s'immisçant pas davantage dans la conduite des gens. Le Russe ne connaît pas de *directeur de conscience* ; il pense que c'est à lui à se diriger tout seul. S'il sent le besoin d'un secours religieux, il le puise directement dans l'Evangile. D'après Mme Oronawkaia, le Russe, tout en se conformant scrupuleusement aux pratiques cultuelles, est l'homme le plus indépendant en matière religieuse. Par tradition, il connaît ses obligations cultuelles et, pour remplir ces obligations, il s'adresse au prêtre, souverain dispensateur des sacrements ; hors de là, il l'ignore.

Le clergé est divisé en deux castes aussi distinctes que leurs noms : les Blancs et les Noirs. Les moines, nécessairement célibataires, fournissent les évêques qui ne doivent pas être mariés ; ils observent consciencieusement la règle austère à laquelle ils sont astreints. Le clergé régulier se recrute forcément dans la société civile.

Les popes, seuls en contact avec le peuple, forment une classe à part, qui se suffit à elle-même. On est prêtre de père en fils, et l'on épouse une fille de prêtre. Ce n'est pas la loi, mais c'est une coutume qui fait loi.

∴

« Un peuple qui s'abandonne commercialement prépare sa défaite sur les champs de bataille », dit M. Maurice Schwob ; « Le commerce gouverne le monde » dit M. Carnegie.

Si le patriotisme est le fondement nécessaire de la puissance, l'importance de la richesse grandit tous les jours, parce que l'outillage guerrier devient tous les jours plus coûteux.

∴

Suivant les gens les plus compétents en France et à l'étranger, si la frontière allemande est infranchissable pour nos armées, notre frontière n'est pas moins infranchissable pour l'armée allemande.

C'est là une des grosses raisons du maintien de la paix.

Les professionnels étrangers déclarent l'impossibilité de prévoir les résultats d'une lutte ; la seule chose à prévoir avec certitude est un déluge de sang.

Les responsables des deux pays savent ce qu'il en coûterait de tenter de mettre les pieds chez le voisin ; on ne joue plus avec la guerre depuis le service obligatoire.

∴

Les Allemands ont de bien belles colonies à Anvers et à Rotterdam — elles ne leur coûtent rien et leur rapportent beaucoup.

La conquête d'Anvers par l'Allemagne prouve que l'on peut conquérir aussi bien avec le commerce qu'avec le canon. La conquête par le canon est un moyen suranné et onéreux ; la conquête par la banque et le commerce profite au pays conquis aussi bien qu'aux conquérants.

La plus belle et la plus riche de nos colonies est aussi notre colonie de Londres. Elle représente à elle seule une population plus nombreuse que celle des gens de notre race dispersés dans nos lointaines possessions.

Nous avons de fort jolies colonies au Mexique, en Californie, à Bogota. Ces colonies, si profitables pour notre commerce, n'excitent point, en France, grand intérêt, parce qu'elles ne fournissent point de place à la curée politicienne.

Il y a cependant une grande différence entre les colonies françaises à l'étranger et les colonies allemandes d'Anvers et de Rotterdam : c'est que nos colonies n'ont aucune influence politique dans les pays où elles s'établissent, ce qui est excellent, et que les conquêtes allemandes à Anvers et à Rotterdam menacent de devenir des conquêtes politiques.

∴

Les Anglais dépensent, par navire, quatre fois autant de combustible et de munitions que nous. Ils pensent qu'il ne suffit pas de faire flotter quelques coques pour avoir une marine de guerre, ils sont convaincus qu'il faut, avant tout, sur ces instruments de combat des hommes exercés et entraînés.

A quoi bon protester contre des faits patents ? c'est par trop naïf de penser que les autres ne les voient pas, parce que nous nous mettons un bandeau sur les yeux. Nous sommes trop endettés, notre infériorité économique est trop grande pour que nous puissions nous permettre des flottes égales à celles de l'Angleterre, des Etats-Unis et de l'Allemagne.

Nous cherchons à nous faire illusion en encombrant nos ports de vieux navires démodés, sur lesquels nous entretenons des équipages sans les exercer. Des navires démodés, montés par des hommes non exercés, c'est la défaite sans honneur.

Moins notre marine sera nombreuse, plus elle doit être excellente en personnel et en matériel. En marine plus qu'ailleurs la qualité vaut mieux que la quantité.

Or, nos navires démodés, montés par des hommes non exercés, nous coûtent les yeux de la tête. Nous pouvons faire de ce côté de grosses économies, pour les reporter sur l'armement et l'entretien de nos bons navires, particulièrement sur l'instruction de notre personnel, surtout du personnel canonnier. L'instruction et l'entretien de la valeur du canonnier marin coûtent horriblement cher, ils exigent une dépense de munitions très onéreuse. Mais c'est le canonnier qui gagne les batailles. Coques, machines, équipages, états-majors, amiraux n'ont qu'un but : mettre le canonnier à même d'envoyer utilement son coup de canon.

Nous avons eu jadis les premiers canonniers marins du monde, il faut qu'il en soit toujours ainsi.

Le personnel canonnier doit être la constante préoccupation de ceux qui dirigent la marine. Ce doit être un personnel d'élite, d'autant mieux payé qu'il n'a pas la ressource du mécanicien et de l'électricien de trouver aisément de bons emplois dans l'industrie.

C'est par le tir en mer par tous temps que l'on forme le canonnier marin et par une grande dépense de projectiles.

Par économie de combustible, nos escadres séjournent trop sur rade ; c'est à la mer que se forment les escadres et les marins.

∴

Le Kaiser s'est fait le protecteur du fanatisme musulman, dont nous sommes l'adversaire naturel.

Nous ne sommes point l'adversaire de l'Islamisme en tant que religion, mais en tant que gouvernement.

Nous représentons dans le monde le gouvernement civil ; le sultan de Constantinople représente par excellence la confusion du spirituel et du temporel.

La France, mieux que tous les autres peuples, a réalisé la grande parole du denier de César.

Nous n'avons aucune raison d'être l'ennemi du chef religieux de l'Islam, en tant que chef religieux, du Kalife, mais nous ne pouvons voir de bon œil l'union du Kalife et du Sultan de Constantinople en une seule personne.

∴

Successivement, un ami m'avait prié de m'occuper de deux frères, reçus à l'école des mécaniciens de Brest.

En débarquant, après avoir terminé son engagement, le cadet vint me voir, je lui demandai : « Comptez-vous rester dans la marine ? » — « Non, me dit-il, je passerai à l'industrie privée, comme mon frère, qui est appointé à 300 fr. par mois ; j'espère bien, avant peu, en gagner autant. Je n'ai qu'à me louer du service, je m'y trouvai bien ; mais je préfère la vie civile au régime du bord ».

C'est un exemple de cette vérité (bien connue dans les ports) qu'émettait M. Gerville-Réache dans un discours à la Ligue Maritime Française.

« Véritable école, la marine de guerre met en circulation, par centaines, chaque année, des ajusteurs, forgerons, mécaniciens, charpentiers en fer et en bois, menuisiers, électriciens, que sais-je ? »

Il aurait pu ajouter contre-maîtres et sous ingénieurs, voire ingénieurs.

La marine de guerre fournit à la marine marchande et à l'industrie privée un personnel d'élite.

La marine de guerre, par ailleurs, a beaucoup contribué aux progrès de l'industrie, notamment de la métallurgie et de l'électricité.

Tout l'argent dépensé pour la marine de guerre n'est pas de l'argent perdu pour la richesse nationale ; c'est une consolation qui n'existe pas pour le budget de la guerre — le port d'armes n'a aucune utilité dans la vie civile.

C'est une des mille raisons pour lesquelles il n'y a pas lieu de comparer la marine à l'armée : le soldat remplit un devoir, le marin exerce une profession.

∴

Une nation de marins est toujours une nation énergique ; la marine vit de liberté, et sa décadence est un signe de l'affaissement des caractères.

∴

Le résultat le plus clair de la diffusion des humanités a été un débordement de politicianisme au détriment des travaux utiles, et la multiplication des déclassés.

∴

Il y eut dans le temps, au Sénégal, l'affaire du Haut Fleuve, discrètement étouffée, qui fut un petit Panama. On régla les comptes en naufrageant à propos des chalands fallacieusement chargés de soi-disant matériel. Jamais la Russie ni la Turquie n'ont poussé si loin d'effrontées malversations. Il a fallu bien des complicités pour étouffer ces scandales. C'est curieux comme la presse et le parlement sont parfois mal informés ou muets. Aujourd'hui, je crois que de pareils détournements ne pourraient plus se produire. N'importe, à cet égard, comme à d'autres, l'administration coloniale demande à être surveillée de très près.

∴

Un de mes correspondants m'écrit : « Le péril jaune est une facétie inventée pour exciter le Français gobeur à aider les Russes. Mais les Anglais et Américains ne sont pas tombés dans ce panneau ; ils ont aidé les Japonais et ont fait des placements avantageux ; tandis que ces serins de Français ont déjà perdu une jolie somme dans les fonds russes, sans compter ce qui les attend. »

C'est peut-être exagéré, mais vraiment nous nous sommes un peu trop emballés pour la Russie ; certaines gens croyaient que l'alliance russe nous mettait à l'abri de tout.

« Si la Russie, ajoute-t-il, venait à être bien persuadée que la France ne lui prêterait plus un sou, notre pays serait vilipendé par la presse officieuse ; et l'alliance russo-allemande contre l'entente cordiale serait un fait accompli ».

Tout est possible — avec les autocrates, les peuples ne savent jamais sur quel pied danser. Après tout, le rapprochement des autocrates, tzar et kaiser, est aussi naturel que le rapprochement de la France et de l'Angleterre, nations régies par des institutions libérales.

Comme dit le vieux proverbe : qui se ressemble s'assemble.

∴

Le pacifisme fait fausse route, m'écrit un pacha retiré dans le midi de la France. Il devrait encourager l'emploi des moyens extrêmes : empoisonnement des sources, ballons transportant des charges considérables d'explosifs, emploi de gaz asphyxiants, feux allumés au vent d'une place ou d'une armée répandant des vapeurs empoisonnées.

La perspective de ces maux arrêterait plus sûrement la guerre que tous les discours philantropiques.

∴

Si la Chine devient un jour combative, c'est qu'en partie elle se sera convertie à l'Islamisme — ce qui pourrait arriver plus rapidement qu'on ne croit; car l'Islamisme fait en Chine des progrès dont l'Europe ne soupçonne pas l'importance.

∴

L'Angleterre n'aurait qu'à le bien vouloir, et le Kalifat passerait de la personne du sultan des Turcs (de ce fait singulièrement amoindri) à un descendant du prophète intronisé à la Mecque. L'Islamisme, soutenu et surveillé en Arabie par l'Angleterre et la France, recevrait de ces puissances une impulsion civilisatrice qui lui serait aussi favorable qu'à l'Europe.

La Turquie d'Europe deviendrait alors aisément européenne.

∴

Selon M. Anesaki, professeur de philosophie religieuse à l'Institut Impérial du Japon, l'un des produits du Christianisme qui frappe le plus l'Asiatique en Europe, c'est la grandeur sublime de son architecture et de sa peinture religieuses, et il désirerait une influence réciproque de l'art bouddhique et de l'art chrétien.

∴

L'automobile de guerre a fait son apparition. Servie par trois personnes, elle porte une mitrailleuse. Je ne sais ce qu'elle coûte, mais, d'après sa description, c'est une forte tuile qui tombe sur la tête du contribuable.

Dans l'armée de terre, comme dans la marine de guerre, l'importance du capital grandit avec une effrayante rapidité.

Pour protéger efficacement son territoire, il faut être riche — et patriote avant tout.

*
* *

Voilà que nous avons des difficultés avec l'Angleterre à propos des Nouvelles-Hébrides ; on peut espérer qu'elles s'aplaniront sans trop de tirage.

C'est la spécialité du parti colonial de nous attirer des ennuis partout.

Quelle rage de nous étendre quand nous sommes menacés dans notre propre foyer !

L'Angleterre serait assez coulante, mais l'Australie se regimbe et la pousse. Sans doute, géographiquement, les Hébrides sont une dépendance assez naturelle de la Calédonie. A quoi les Australiens objectent que les Hébrides sont une dépendance bien plus naturelle de l'Australie que de la France, qui est aux antipodes.

Ce qui importe, même dans l'intérêt de la Calédonie, c'est que ces îles passent sous une tutelle civilisée — anglaise ou française — la question est secondaire. A la rigueur, on pourrait même avancer que la Calédonie ferait plus d'affaires avec les Hébrides entre les mains industrieuses des Australiens qu'avec ces îles soumises au régime somnifère du gouvernement français.

Regardons sur une mappemonde l'étendue des Nouvelles-Hébrides et la distance à laquelle elles se trouvent de nous et, si elles nous échappent, nous nous en consolerons sans trop de peine.

Nous avons en Indo-Chine un sujet de préoccupations graves ; nous ne pouvons la conserver sans l'assentiment de l'Angleterre et du Japon, étant donnée la distance à laquelle elle se trouve ; Madagascar est à la disposition de l'Angleterre, comme la Calédonie à la disposition de l'Angleterre et de l'Australie.

Je n'ai jamais compris l'Anglophobie coloniale, car si nous avions la guerre avec l'Angleterre, elle nous raflerait nos colonies en quelques semaines. Il faut avoir le courage de nous l'avouer. Cela n'a d'ailleurs rien d'offensant pour notre amour-propre. La France est une nation continentale, condamnée aux plus grands efforts pour la sécurité de ses frontières ; avec cela nous avons à garder l'Algérie prête à se révolter si nous éprouvions un échec continental. L'Angleterre, en sa qualité d'insulaire, n'a rien à redouter pour son territoire — bien que, d'après des livres allemands, Guillaume II, entré en vainqueur à Londres, dicte ses conditions à l'Univers. Le papier souffre tout, dit le proverbe.

La France est à la fois continentale, océanique, méditerranéenne. C'est ce qui fait l'incomparable beauté de sa situation, mais c'est ce qui fait aussi les difficultés et les dangers de sa politique extérieure.

En Afrique, nous avons largement de quoi nous occuper. Elle est désignée par la géographie et l'histoire pour le développement de notre activité. En sortant de l'Afrique, nous avons lâché la proie pour l'ombre ; en nous étendant, nous nous sommes affaiblis. Quel empire nous aurions aujourd'hui sur le continent noir, si nous y avions porté tous nos efforts, au lieu de les disperser un peu partout ! Il n'y aurait pas eu de question du Maroc en 1906.

Ce qui est fait est fait ; mais pénétrons-nous bien de cette vérité, importune peut-être, mais incontestable ; la sécurité de nos possessions lointaines nous fait de l'entente cordiale une nécessité.

∴

Voici un rapport officiel de chef de poste du Congo (« Signal, » 24 février 1906) :

« Les recruteurs doivent se livrer, pour trouver des porteurs, à une véritable chasse à l'homme à travers les villages vides et les plantations abandonnées... Le Maudia reste caché comme un solitaire dans un coin de la brousse, ou se réfugie dans les cavernes de quelques Kayia inaccessibles, vivant misérablement de racines, quelquefois jusqu'à ce qu'il meure de faim, plutôt que de venir prendre charge ».

Voilà comment nous importons, sous le nom de civilisation, le règne du vide et de la mort.

Voilà comment on administre au nom des Droits de l'homme.

Le jour où on mettra sérieusement le nez dans cette administration coloniale, on sera suffoqué par la pestilence de ce foyer d'infection.

∴

(« Matin », 24 Février 1906) « Il y a quelque temps, l'empereur Guillaume a réuni les maisons de banque les plus importantes de l'Allemagne et leur a demandé ce qu'elles pensaient d'une guerre avec la France. Tous les financiers présents ont déclaré a l'unanimité et avec énergie qu'une guerre, même si elle était heureuse, serait un désastre pour l'industrie et le commerce allemand »

C'est à peu près comme si cet excellent Guillaume avait convoqué tous les savants astronomes d'Allemagne pour leur demander s'il ferait jour à midi.

A force de brandir sa grande épée, le fantasque guerrier qui dispose à son gré de l'immense force de l'Allemagne, pourrait bien être entraîné à s'en servir pour tout de bon. Dans les circonstances tendues où nous vivons, il est criminel de refroidir le patriotisme en France.

∴

Quels que soient les progrès des engins militaires, la parole de Dragomirow reste vraie : ce n'est pas avec du plomb qu'on gagne les batailles, c'est avec du cœur.

∴

Qui n'est pas humanitaire en ce temps ? Mais il ne faudrait pas faire, de ce beau mot Humanité, un voile pour la couardise.

∴

Si le péril jaune n'a jamais été sérieux, il n'en est pas de même du péril musulman. Si nous avions la guerre avec l'Allemagne, le Kaiser, par son grand ami Abdul Hamid, par le Sultan du Maroc, par les confréries musulmanes du Soudan, soudoyées à peu de frais, pourrait soulever les Musulmans de l'Algérie et de la Tunisie. Il aurait d'autant plus de chances de réussite, que le plan de notre état-major a toujours été de faire rentrer les troupes d'Algérie pour les envoyer dans l'Est et les remplacer par un corps d'armée de réserve. C'est fou. En temps de paix, avec les moyens dont nous disposons, cet échange de troupes serait interminable. En temps de guerre, sans la neutralité assurée de l'Italie, on courrait à un désastre certain — même après une victoire navale, il resterait toujours à l'Italie les moyens de couler les inoffensifs navires chargés de troupes ; quelques torpilleurs suffiraient à cette sinistre besogne.

∴

Mon ami, le pacha, me dit que le Turc, généreux et hospitalier ne connaît que les services gratuits entre hommes. Il regarde les appointements comme une importation européenne, dont on doit tenir compte le moins possible. A certaines réclamations de solde ou de pension, il arrive au Sultan de répondre par un cadeau, et même par un fort beau cadeau en argent monnayé, mais il paie rarement les arrérages réglementaires, sauf ceux des Européens protégés par leur ambassades. Ce qui exaspère les Turcs contre la gendarmerie internationale de Macédoine, c'est de voir les officiers européens, appointés à de fortes soldes, régulièrement payés par la Banque ottomane. Si nous envoyons des officiers commander la police au Maroc, il faudra prendre ses précautions pour les faire payer, ce qui excitera, jusqu'à la rage, la jalousie des fonctionnaires marocains.

Le paiement irrégulier est, pour le Sultan, un excellent moyen de gouvernement. En donnant un petit à compte à quelque fonctionnaires miséreux, il paraît lui faire une faveur énorme, en retour de laquelle il exige espionnage et délation.

∴

Guillaume, grave et convaincu, ne doute pas de sa mission divine. D'une main, il tient le glaive et, de l'autre, non moins gantée de fer, il tient l'évangile — Très sérieusement, il se prend pour un excellent chrétien, sans doute parce qu'il est le patron des Turcs.

∴

Dans le passé, les peuples vivaient isolément et ne se connaissaient que pour se battre.

∴

M. Anatole France a dit : « les patries ne doivent pas entrer mortes, mais vivantes, dans la fédération universelle ».

Il ne s'agit pas de supprimer les patries, mais de les unir en leur conservant leur personnalité.

∴

L'héroïsme des sauveteurs allemands dans la catastrophe de Courrières suggère de nombreuses réflexions, entre autres, celles-ci :

1° Un amour très moderne de l'humanité les appela au secours d'hommes, leurs frères — une fraternité internationale professionnelle, œuvre bienfaisante du socialisme (il faut toujours être juste), entraînait des mineurs au secours d'autres mineurs étrangers. — Avec le sentiment humain, avec la fraternité professionnelle entre en scène le plus noble orgueil national. Ces Allemands étaient justement fiers de montrer le courage allemand et la supériorité de l'armement allemand pour combattre un terrible fléau.

Voilà un exemple dans lequel l'idée d'humanité et l'idée de patrie s'allient dans toute leur beauté.

Cet avenir approche, dans lequel les nations, toujours jalouses de leur personnalité, mettront autant d'intrépide orgueil à se secourir qu'elles en ont mis à se combattre.

Nous disons, nous autres marins : « Quand un navire est en détresse, on ne regarde pas son pavillon ».

Ceci n'est pas tout-à-fait exact.

On court avec la même ardeur au secours du compatriote ou de l'étranger, on est bien entraîné par le même sentiment de pitié ; mais, dans le sauvetage de l'étranger, la fierté nationale a son influence.

2° L'héroïsme trouve son application en paix comme en guerre. La guerre n'est donc pas absolument nécessaire à la culture des plus nobles facultés humaines, le courage et le dévouement.

3° Nous aurons toujours assez à faire à guerroyer contre la nature, sans nous déchirer entre nous.

∴

Il n'est pas un peuple d'Europe qui, dans la catastrophe de Courrières, ne nous ait témoigné ses sympathies utilement et avec éclat. Si, politiquement, l'unité de l'Europe n'est guère avancée, moralement, elle est faite.

∴

Le syndicat des houillères de la Westphalie rhénane a décidé l'envoi d'une somme de cent mille marks pour les familles des victimes de Courrières.

Les peuples s'aiment et ne demandent qu'à s'unir, ce sont les gouvernements qui les séparent. La catastrophe de Courrières répare bien des algarades du Kaiser.

C'est un spectacle, invisible pour nos yeux, mais grandiose devant la pensée, que celui des pompiers de Paris et des sauveteurs allemands travaillant ensemble fraternellement à trois cents mètres sous terre.

∴

Le chauvinisme allemand, dans son exaspération contre l'Angleterre, touche au comique, quand sous l'impulsion du professeur Wagner, une grande notabilité du parti, il rêve une coalition européenne contre la perfide Albion — si perfide qu'en Allemagne on lui attribue la dépêche d'Ems.

Quand l'Angleterre se targuait de *son splendide isolement*, cette anglophobie avait une apparence de raison d'être.

Mais, par l'entente cordiale, l'Angleterre est sortie de cet isolement orgueilleux, pour rentrer dans le giron européen. C'est là un fait dont on ne saurait exagérer l'importance.

Exclure l'Angleterre du groupement occidental, conformément aux vœux du professeur Wagner, serait arracher à ce groupe la plus belle plume de son aile.

Quand le professeur Wagner prêche un rapprochement entre la France et l'Allemagne, nous l'écoutons avec un plaisir extrême. C'est un fait : quand les circonstances obligent Allemands et Français à marcher ensemble, comme en Crète et en Chine, ils le font de grand cœur, se laissant aller à la sympathie mutuelle qui les attire. Mais, comme dit « l'Europe Nouvelle », la *Question Fatale* se dresse impitoyablement entre les deux peuples, malgré leur intérêt évident à vivre en bonne harmonie. Cet antagonisme doit-il durer toujours ?

∴

Je lis dans « L'Europe Nouvelle » :

« Le gouvernement allemand et l'empereur en particulier, nous le savons, voudraient trouver un moyen de satisfaction et de réparation qui restituerait à la France son apaisement moral et la régularité de ses fonctions, en sorte qu'à partir de ce moment, la France et l'Allemagne pourraient avoir l'une et l'autre les avantages d'une vie normale et de rapports bienfaisants. Il s'agirait de rendre à la France une bande, une particule de la terre lorraine, ce qui serait considéré comme une réparation de l'ordre idéal, puis de constituer l'Alsace-Lorraine en duché d'empire, avec un corps autonome s'administrant lui-même sous le gouvernement d'un prince impérial, et formant partie intégrante de la Confédération germanique ».

« L'Europe Nouvelle » ajoute : « On croirait avoir satisfait la France et l'Alsace-Lorraine. Quelle erreur ! ».

Nous n'hésitons pas à nous montrer satisfaits de ce désir de réconciliation.

La projet allemand est un premier pas (bien hésitant) vers la solution que nous avons toujours préconisée : l'octroi à l'Alsace-Lorraine d'un régime analogue (surtout aussi libéral) au régime accordé aux îles normandes par l'Angleterre.

Le point de vue auquel je me place (et je ne puis en comprendre un autre) est celui du *devoir* : nous avons contracté de grands devoirs envers les Alsaciens-Lorrains en cédant leur territoire pour notre libération.

Notre devoir, notre devoir absolu envers les Alsaciens-Lorrains, voilà le terrain véritable sur lequel nous devons nous établir sans transaction possible. Envisager la question au point de vue de l'orgueil national, c'est la faire descendre des hauteurs du devoir. Notre désir doit être celui de nos anciens compatriotes, notre volonté doit être la leur, c'est de leur intérêt qu'il s'agit et non du nôtre. Et si, peu soucieux (comme il semble) d'être l'enjeu d'une nouvelle guerre, ils se résignent non pas à être Allemands, mais Alsaciens-Lorrains autonomes, nous n'avons qu'à nous incliner.

On dit volontiers de l'autre côté de la frontière.

> Français ne puis,
> Allemand ne daigne,
> (Lorrain) ou (Alsacien) suis.

Quant à nous réconcilier avec l'Allemagne, tant que l'Alsace-Lorraine n'aura pas obtenu son autonomie, ce serait manquer à l'honneur et au devoir.

L'Alsace-Lorraine autonome serait — ce qu'elle doit être — le trait d'union entre la France et l'Allemagne.

∴

Dans l'ordre politique, la plus importante parole qui ait été prononcée dans le monde et dans l'histoire est certainement la parole du denier de César.

Par sa séparation catégorique du domaine religieux d'avec le domaine politique (dont il n'a jamais eu nul souci), Jésus s'est montré le plus révolutionnaire des révolutionnaires.

Que le Christianisme se soit montré infidèle à la parole du Maître, c'est certain ; mais la religion d'Etat, telle que la comprirent le judaïsme et le polythéisme, n'en fut pas moins sérieusement atteinte. Le grain semé par Jésus a germé pendant 1900 ans ; aujourd'hui, il sort de terre.

Le Christianisme, c'est la séparation du spirituel et du temporel (et cette séparation s'accentuera de plus en plus) — l'Islamisme, c'est la concentration du spirituel et du temporel dans une main unique. Représentant dans le monde deux principes radicalement opposés, naturellement ils se haïssent.

∴

En 1885, le budget du Japon était de 62 millions de yens, celui de 1906 monte à 500 millions (exactement 494) ; ça coûte cher la gloire ! — ne pas oublier, d'ailleurs, que ça coûte encore plus cher d'être battu.

∴

Sans la fermeté de M. Rouvier, la Convention commerciale entre la France et la Russie eût été probablement rejetée par une majorité affolée de protectionnisme — c'eût été un dommage matériel d'une certaine importance, mais surtout un dommage moral de toute gravité.

Les « Novosti » déplorèrent les tendances protectionnistes des deux pays, et remarquèrent que ces tendances empêchent la France et la Russie de sortir d'une situation commerciale qui enrichit à leurs dépens des tierces parties : l'Allemagne qui écoule en Russie de mauvaises marchandises soi-disant françaises (à notre détriment), et l'Amérique qui écoule en France ses matières premières (au détriment de la Russie).

Non seulement le mélinisme fait la vie chère aux classes laborieuses, mais il nuit encore à nos bonnes relations extérieures.

∴

Dans l'évolution humaine, l'Angleterre et la France jouent le rôle de Marthe et de Marie. La première a le sens pratique ; la seconde, l'amour de l'idéal. Elles se complètent ; la France a semé plus d'idées dans le monde, l'Angleterre a porté la civilisation dans plus de contrées. Chacune des deux nations a besoin des qualités de l'autre. Nous avons trop longtemps prêté l'oreille à d'inintelligents jaloux de la puissance coloniale de la grande Bretagne, sans comprendre que l'Angleterre est la plus fructueuse de nos colonies et que sa prospérité est nécessaire à la nôtre. Pourquoi ne pas ambitionner surtout la primauté dans la science, l'art, la domination par l'idéal, et tendre tous nos efforts en ce sens. La domination dans le monde de l'esprit est la plus noble et, malgré les apparences, la plus puissante. Donnons l'exemple d'une sage et intelligente démocratie, il nous vaudra la conquête morale de l'Europe.

∴

Le résultat le plus clair de l'algarade du Kaiser à Tanger pourrait bien être la réalisation du rêve d'Emilio Castelar, l'union intime des trois peuples latins — la Conférence d'Algésiras les a incontestablement rapprochés.

∴

Les gens qui s'occupent de politique mondiale ne doivent pas perdre de vue ce fait : La fortune des Etats-Unis (500 milliards) égale la somme des fortunes de l'Angleterre (285 milliards) et de la France (240). Pour les populations, la proportion est grossièrement la même.

Or, comme la valeur intellectuelle et morale de ces trois peuples est équivalente, on doit en conclure que la puissance des Etats-Unis équivaut à la somme des puissances de l'Angleterre et de la France.

∴

Un tunnel sous la Manche pourrait rendre les plus grands services dans une action militaire commune, qui n'est pas à désirer, mais qu'il est bon de prévoir.

Plus l'Angleterre et la France seront unies, plus leur union sera éclatante, plus elles seront fortes individuellement, plus elles seront respectées et moins elles auront besoin de recourir à la force.

Le tunnel, l'unité de monnaie, de mesures et de méridien devraient être les premières préoccupations d'un ministre des affaires étrangères à la hauteur de son mandat.

∴

La France est à la fois une puissance océanique et méditerranéenne — comme puissance océanique et mondiale, le premier intérêt de la France est l'amitié de l'Angleterre ; comme puissance méditerranéenne, son premier intérêt est l'amitié de l'Italie.

France, Angleterre, Italie sont les trois grandes puissances de cette Méditerranée, dont le rôle sera toujours si important dans la vie de l'humanité — la triple entente cordiale de ces trois peuples s'impose.

∴

Comme l'a dit si justement M. Buisson : à la conférence d'Algésiras, il n'y a eu qu'un vaincu, la guerre.

Il y a des pays, comme des humains, qui ont besoin de tutelle ; les Etats musulmans sont dans ce cas. Par la conférence d'Algésiras, le Maroc est soumis, de fait, à la tutelle européenne ; solution excellente et susceptible d'autres applications. La conférence a fort heureusement réfréné des cupidités françaises qui nous auraient entraînés dans une voie dangereuse. Le Maroc est désormais sous le protectorat de l'Europe et nul n'y peut toucher. Autre conséquence : le Kaiser a froissé le peuple italien et le jette dans les bras de l'entente cordiale — ce n'est pas un mince résultat.

∴

Nous avons toujours soutenu que le protectorat de l'Angleterre ne pouvait être que favorable au commerce franco-égyptien.

Le rapport du consul de France au Caire prouve l'exactitude de nos prévisions, en démontrant que notre commerce y est en pleine croissance.

Chose surprenante pour qui ne se rend pas bien compte des conséquences, parfois étranges, des facilités du transport moderne : les victuailles consommées dans les grands hôtels du Caire viennent de Paris ou de Lyon. Nos automobiles ont la vogue dans le pays des Pharaons, où nos exportations de farine progressent, depuis quelque temps, dans des proportions imprévues.

Tout cela est très naturel. En effet, nos intérêts commerciaux exigent une sage administration de l'Egypte, ce dont le gouvernement kédivial s'est toujours montré incapable. L'important pour nous, comme pour tous les Méditerranéens d'ailleurs, est de voir l'ordre, la sécurité, la paix intérieure régner en ce beau pays. Le gouvernement qui assure cet état de choses est, pour nous, le bon, en quelque main qu'il se trouve. Or, il est indiscutable que l'Egypte prospère, au plus grand profit de tous, à l'ombre du pavillon britannique.

De même, il serait dans notre intérêt, dans l'intérêt de l'Algérie et de tous les méditerranéens que la Tripolitaine passât entre les mains habiles et industrieuses de l'Italie.

La tutelle des nations islamiques, exercée par des nations chrétiennes, profite à la cause de la civilisation et à l'Europe, quelle que soit la nation qui la détienne. En cette question capitale, les Européens méditerranéens doivent s'entendre et se garder de l'esprit de jalousie. Toutes les puissances chrétiennes de la Méditerranée sont solidaires. L'Angleterre et la France n'ont plus rien à désirer dans la Méditerranée. Leur devoir et leur intérêt est de favoriser l'expansion de l'Italie dans le bassin oriental, comme de reconnaître à l'Espagne sa juste part d'influence au Maroc. La France et l'Espagne doivent s'unir et travailler de concert à guider le Maroc dans la voie de la civilisation.

L'Union latine, étendant sa tutelle sur la Tripolitaine, la Tunisie, l'Algérie et le Maroc formerait une belle confédération — soudée d'ailleurs à l'entente anglo-française, axe de notre politique extérieure et première pierre de la confédération occidentale.

∴

L'absolu n'est pas de ce monde; dans les questions de politique extérieure surtout, il n'est pas possible de ne pas tenir compte de la contingence des événements. S'il est une question qui défie l'absolu, c'est la question d'Alsace-Lorraine. Selon nous, X***, dans « l'Europe Nouvelle » d'avril 1906, la pose comme elle doit être posée à l'heure présente :

« Il n'y a aucun doute sur le sentiment national

alsacien. Mais un pays ne vit pas uniquement de sentiments. Il a également des intérêts à défendre ou à faire valoir, et c'est dans cet ordre d'idées que nos députés ont réclamé l'autonomie administrative de l'Alsace-Lorraine et saconstitution en Etat confédéré, avec voix au Reichsland et représentation basée sur le suffrage universel.

. . . .

« C'est pourquoi l'Alsace-Lorraine réclame le suffrage universel et une autonomie administrative qu'elle ne saurait obtenir qu'en devenant elle-même un Etat confédéré, au lieu de rester à l'état de Reichsland, c'est-à-dire la chose de tout le monde ».

Des « Questions diplomatiques et coloniales » du 16 décembre 1905, nous extrayons le passage suivant :

« Les considérations sentimentales ne sont pas ici en jeu. Brutalement, matériellement, la conquête de l'autonomie, pour l'Alsace-Lorraine, est une question de vie ou de mort ; sur ce point, les partis locaux sont d'accord ».

Dès le début de 1903, le Landesausschuss demandait :

« Qu'à l'avenir le Reichstag n'eût plus à s'occuper des affaires des Alsaciens-Lorrains ; que la Délégation en ces matières souveraines, devînt l'équivalent des Chambres prussienne, bavaroise ou badoise ; que le Reichsland fût représenté au même titre avec les mêmes droits que tout État confédéré. Ainsi prendrait fin la sujétion des annexés ».

Notre devoir, notre vrai devoir, est de nous conformer à la volonté de l'Alsace-Lorraine. Nous n'avons pas le droit d'avoir une autre volonté que la sienne.

R.F.

LA ROCHE-SUR-YON

IMPRIMERIE CENTRALE DE L'OUEST

Rue de Saumur

www.ingramcontent.com/pod-product-compliance
Lightning Source LLC
LaVergne TN
LVHW020412230826
846091LV00004B/1260

* 9 7 8 2 0 1 6 1 5 9 2 1 7 *